MANUEL WEYER

———

WEBER'S
CAMPING GRILLEN

MIT DEM GRILL
UNTERWEGS

MANUEL WEYER

——

WEBER'S
CAMPING GRILLEN

MIT DEM GRILL
UNTERWEGS

INHALT

EINLADUNG ZU GENUSS UND ABENTEUER

Mit einem tragbaren Grill können die frischesten Zutaten zubereitet werden, während man die Natur um sich herum genießt. Ob saftige Steaks, Gemüse oder Grillkäse – die Möglichkeiten sind endlos und lassen jedem Grillfan schon beim Gedanken daran das Wasser im Mund zusammenlaufen. Abgerundet wird das Erlebnis durch gesellige Runden am Lagerfeuer, wo man die Zeit gemeinsam verbringen kann.

In diesem Buch möchte ich solche Momente und meine Begeisterung fürs Grillen mit euch teilen. Gemeinsamen Genuss zu erleben ist auch unterwegs oder auf kleinem Raum möglich – wenn alle ein wenig zusammenrücken, schafft das meist großartige, intensive Begegnungen.

Grillen unterwegs ist wie eine kleine Auszeit, in der der Duft von gegrilltem Essen die Luft erfüllt und die Herzen höherschlagen lässt. Unter dem weiten Himmel, umgeben von der Natur, wird jede Mahlzeit zu einem Fest und kulinarischen Abenteuer, das die Verbundenheit und die besonderen Momente des Lebens feiert.

Grillen unterwegs bedeutet meist aber auch durchdachte Planung, um sicherzustellen, dass alles Notwendige dabei ist – wie Grill, Kohlen oder Gas sowie die passenden Grillutensilien. Zudem ist es wichtig, eine Liste der Lebensmittel und Getränke zu machen, um nichts zu vergessen und eine abwechslungsreiche Grillparty zu garantieren. Auch das Timing für das Grillen und die Vorbereitung der Speisen sollte beim Campen gut koordiniert werden, um ein perfektes Geschmackserlebnis zu schaffen.

Eine Message ist klar: Wir grillen auf einem kleinen Grill, raffiniert, unkompliziert und abwechslungsreich. Es gibt Klassiker, aber auch jede Menge Neues, und Vegetarier und Veganer kommen ebenfalls nicht zu kurz.

Ich wünsche euch, dass ihr mit den Gerichten aus diesem Buch fantastische Momente festhalten und immer wieder neu schaffen könnt. Egal wie viel Raum ihr habt, wo ihr seid und egal wie groß euer Grill ist.

Euer

Manuel Weyer

GRUNDAUSSTATTUNG CAMPINGKÜCHE

Mit dem Grill unterwegs zu sein bedarf ein wenig Planung und Vorbereitung. Legt euch Listen an, was ihr mitnehmen wollt, und plant das eine oder andere Gericht im Voraus. Hier sind ein paar Vorschläge, was ihr (nicht nur fürs Outdoorcooking) einpacken solltet.

1 Küchenbox: die Hardware

- [ ] Töpfe und Pfannen
- [ ] Schüsseln
- [ ] Kochlöffel
- [ ] Küchenmesser
- [ ] Schneidbrett(er)
- [ ] Sparschäler
- [ ] Vierkantreibe
- [ ] Geschirr, Besteck, Gläser
- [ ] stapelbare Aufbewahrungsbehälter/Weckgläser
- [ ] Schneebesen
- [ ] Schöpflöffel
- [ ] Mörser
- [ ] ggf. Nudelholz
- [ ] Flaschen-/Dosenöffner
- [ ] Korkenzieher
- [ ] Isolier-/Kühlboxen
- [ ] Messbecher/Küchenwaage
- [ ] Salatschleuder
- [ ] Küchensieb
- [ ] Zahnstocher
- [ ] ggf. Apfelausstecher (für den Apple Cake auf S. 136)
- [ ] Küchen-/Backpapier
- [ ] Frischhaltefolie
- [ ] Müllbeutel
- [ ] Spülschwämmchen/Spüllappen, Putzlappen, Spül- und Putzmittel
- [ ] Geschirrtücher

2 Küchenbox: die Software

Haltbares

- [ ] Trockenprodukte wie Mehl, etwas Speisestärke, Semmelbrösel, dazu Nudeln, Reis, Bulgur, Couscous, Kichererbsen, getrocknete Hülsenfrüchte wie Linsen und Bohnen
- [ ] Konserven wie stückige oder passierte Tomaten, Tomatenmark, Mais und Bohnen
- [ ] Süßungsmittel wie Honig, Ahornsirup und Zucker

- [ ] gesalzene/geröstete Nüsse, ggf. Nussmischungen
- [ ] Standardfrühstück wie Cornflakes, Müsli, Porridge
- [ ] einfache Aufbackwaren
- [ ] Knabberzeug
- [ ] Süßkram
- [ ] Riegel und Snacks für zwischendurch

Frisches (am besten vor Ort kaufen)

- [ ] Milch und Milchprodukte wie Käse, Joghurt, Butter

- [ ] Eier
- [ ] Wurstwaren
- [ ] Fleisch
- [ ] Fisch
- [ ] Geflügel
- [ ] Obst, Gemüse und Kräuter
- [ ] Brot

Getränke

- [ ] Für den ersten Tag schon mal mitnehmen, dann am besten vor Ort kaufen.

3 Grillbox: die Hardware

- [ ] Gasflasche/-kartusche
- [ ] Holzkohle/Briketts
- [ ] ggf. Grillanzünder
- [ ] Grilltools (s. S. 16–17)
- [ ] ggf. Anzündkamin
- [ ] Abdeckhaube
- [ ] Grillthermometer
- [ ] Alu-Tropfschalen
- [ ] kleiner feuerfester Topf

4 Grillbox: die Software

- [ ] Gewürze wie Meersalz, schwarzer Pfeffer (am besten aus der Mühle), optional Paprikapulver, Chiliflocken, Currypulver, Currypaste
- [ ] Öle wie Oliven- und Rapsöl, optional Kürbiskernöl
- [ ] Essig wie weißer und roter Aceto balsamico oder Himbeeressig (selbst gemacht s. S. 115)
- [ ] Würzsaucen wie Sojasauce, Maggie, Worcestersauce
- [ ] Mayonnaise
- [ ] Ketchup
- [ ] BBQ-Sauce
- [ ] Sweet Chili Sauce

5 Campingbox

- [ ] Zelt-/Campinglaterne
- [ ] Taschenlampe (ggf. Ersatzbatterien)
- [ ] Campingkocher
- [ ] Campingstühle
- [ ] Campingtisch
- [ ] Picknickdecke
- [ ] ggf. Kabeltrommel
- [ ] ggf. Luftpumpe
- [ ] Verlängerungskabel
- [ ] Streichhölzer/Feuerzeug
- [ ] ggf. Kerzen

6 Persönliches

- [ ] Schlafsack/Bettzeug
- [ ] Sonnencreme
- [ ] Sonnenschutz
- [ ] Insektenschutz
- [ ] Rucksack
- [ ] Bargeld, EC-/Kreditkarten
- [ ] kleine Reiseapotheke/ Verbandskasten
- [ ] Körperpflegeprodukte
- [ ] Krankenversicherungs- karte
- [ ] Reisepass/Personalaus- weis bzw. Kinderausweis
- [ ] Ladekabel für Smartphone, Navigationsgerät, Akkus usw.
- [ ] vielseitige Kleidung, Schuhe, Regenschutz, ggf. Gummistiefel
- [ ] Hand-/Badetücher

DEN GRILL VORBEREITEN

Gerade bei mobilen Grills solltet ihr immer mal wieder nach dem Rechten sehen, insbesondere dann, wenn der Grill eine Zeitlang nicht benutzt wurde.

Grundsätzlich solltet ihr, egal ob ihr einen kleinen beziehungsweise mobilen Elektro-, Gas- oder Holzkohlegrill habt, den Grill ausschließlich im Freien verwenden. Auch wenn es bei miserablem oder kaltem Wetter sehr verführerisch sein kann, ihn im Vorzelt oder Camper aufzustellen und ein Indoor-Grillvergnügen zu veranstalten. Keine gute Idee! Auch kleine Grills sind „Hochleistungssportgeräte" mit entsprechend hohen Temperaturen und für den Indoor-Gebrauch nicht zugelassen. Dazu kommen Gerüche, die über Stunden oder Tage in eurem Camper oder Wohnwagen hängen bleiben würden.

1 Der Grill darf nur im Freien verwendet werden und muss einen ebenen Stand auf einem nicht brennbaren Untergrund haben. Rundherum müsst ihr reichlich Platz haben, um den Deckel zu öffnen und Verfärbungen durch die Abstrahlhitze an Fassaden/Mauern vorzubeugen. Auch ein Kontakt mit entflammbaren Materialien (Zelte, Bäume, Büsche) muss ausgeschlossen sein.

2 Beim Grillen im Freien mit einem Elektrogrill sollte zur Verlängerung ggf. ein Feuchtraumkabel verwendet werden. Beim Grillen mit einem Gasgrill mit Gasflasche muss die Flasche sicher und aufrecht stehen, und ihr solltet gemäß Bedienungsanleitung eine Sichtprüfung der einzelnen Komponenten durchgeführt haben.

3 Vor dem Zünden oder dem Einstellen der Temperatur wird der Deckel geöffnet, um sicherzustellen, dass der Grill gereinigt ist und keine weiteren Tools wie etwa Handschuhe oder Grillzange im Inneren aufbewahrt wurden. Haltet die Fett- und Wasserpfanne des Grills immer sauber, damit kein Fettbrand entsteht.

Achtet darauf, dass der Grill ordentlich vorgeheizt ist. So vermeidet ihr das Ankleben von Grillgut, und mögliche Rückstände können danach einfach abgebürstet werden. Beim Grillen über einen längeren Zeitraum müsst ihr beim Elektrogrill nichts weiter berücksichtigen. Bei einem Gasgrill solltet ihr vorher die Füllmenge der Gasflasche/Kartusche überprüfen, beim Grillen mit Holzkohle die Menge des Brennstoffs.

Temperaturbereiche beim Grillen

110–125 °C	sehr schwache Hitze – Pulled Pork, Ribs, Brisket
125–140 °C	schwache Hitze – Würstchen, Sandwiche, Burger Buns, Obst
140–150 °C	schwache bis mittlere Hitze – Lachs-Planke, Fisch, ganze Fleischstücke
150–180 °C	mittlere Hitze – Geflügel, Dessert/Kuchen, festes Gemüse
180–220 °C	mittlere bis starke Hitze – wasserhaltiges Obst, Brot, Spieße
220–250 °C	starke Hitze – Pizza, Flammkuchen, Angrillen von hellem Fleisch
250–290 °C	sehr starke Hitze/Searing – scharfes Angrillen von dunklem Fleisch (Searing)
290 °C +	volle Hitze – Reinigung des Grillrosts

AUF DIE TECHNIK KOMMT ES AN

Der Grill ist windgeschützt und trocken aufgestellt, er wurde auf die gewünschte Zieltemperatur gebracht und die Zutaten sind vorbereitet. Bevor ihr jetzt aber munter drauflosgrillt, gibt es hier noch eine kurze Auffrischung zum Thema Grilltechniken.

Holzkohlegrill

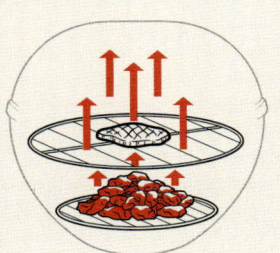

Direkte Hitze: Das Grillgut wird direkt über die heiße Glut gelegt und je nach Rezept bei geöffnetem oder geschlossenem Deckel zubereitet. Bei sehr fettreichem oder durchwachsenem Grillgut die Deckellüftung zu drei Vierteln schließen, um Fettbrand und lodernde Flammen zu vermeiden. Wenn der Grill raucht, ist das ein gutes Zeichen, denn die Hitze kann sich perfekt entfalten und die Flammen erlöschen.

Bull's Eye: Für sehr hohe Temperaturen kann man den Anzündkamin direkt über der Glut auf den Rost stellen. Nach 5–8 Minuten ist die Hitze besonders groß, da durch den Kamineffekt der Brennstoff mit extra Sauerstoff angereichert wird. Briketts oder Kohlen glühen rötlich und sehr stark, daher der Name „Bullenauge".

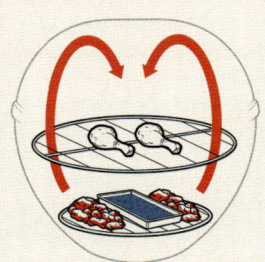

Indirekte Hitze: Das Grillgut wird seitlich versetzt zur Hitzequelle gegrillt. Dafür kann man zum Beispiel den Brennstoff links und rechts auf dem Kohlerost anordnen und das Grillgut in die Mitte des Grillrosts legen. Indirekt grillen kann man aber auch mit einem Hitzeschild oder einem zusätzlichen Ablagerost, auf dem das Grillgut liegt. Es kann dann auch direkt über dem Brennstoff platziert werden, weil die Hitzereflektion des Schilds bzw. der Abstand des Ablagerosts zur Hitzequelle reichen, um indirekt zu grillen.

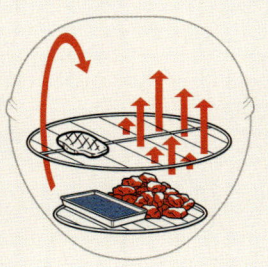

50/50 Methode: Diese Grilltechnik vereint die direkte und indirekte Grillmethode und eignet sich vor allem dann, wenn mehrere Zutaten gleichzeitig gegrillt werden. Dabei wird der Brennstoff nur bis zur Hälfte auf dem Kohlerost verteilt. Über diesem Bereich kann man dann mit direkter Hitze angrillen und das Grillgut anschließend in die indirekte Zone (also dort, wo kein Brennstoff vorhanden ist) umplatzieren und weitergrillen. Eine mit Wasser gefüllte Alu-Tropfschale dient zum Auffangen von herabtropfendem Fett und sorgt beim Grillen über längere Zeit außerdem für ausreichende Feuchtigkeit während des Grillens.

AUF DIE TECHNIK KOMMT ES AN

Elektro- und Gasgrill mit einem Temperaturregler

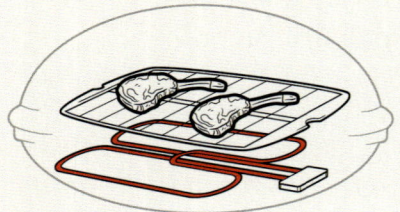

Direkte Hitze: Bedeutet die unmittelbare Hitze unter dem Grillgut. Der Regler ist an, der Grill wird auf die gewünschte Zieltemperatur gebracht und das Grillgut dann direkt auf den Rost gelegt und gegrillt.

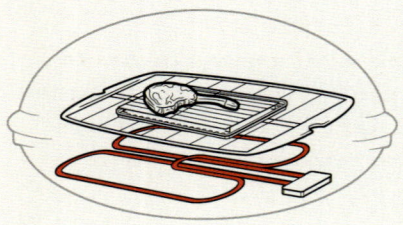

Indirekte Hitze (A): Nach dem direkten Angrillen auf dem heißen Rost wird das Grillgut auf einen Bratenrost mit Hitzeschild gelegt und kann so indirekt weitergegrillt werden. Bei Grills mit zwei Reglern kann man einen Regler auf null stellen und grillt nach dem direkten Angrillen in diesem Bereich indirekt weiter. Da der aufgeheizte Grillrost aber auch hier zunächst die Hitze unmittelbar ans Grillgut überträgt, empfiehlt sich ebenfalls ein Bratenrost mit Hitzeschild.

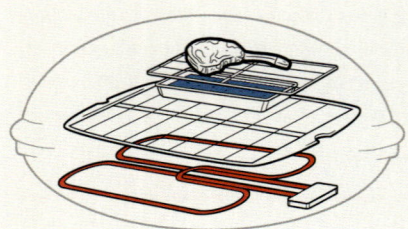

Indirekte Hitze (B): Je nach Grillmodell ist eine weitere Variante des indirekten Grillens die Verwendung des Ablagerosts, auf dem das Grillgut platziert wird und unter dem eine mit Wasser gefüllte Alu-Tropfschale steht. Sie fängt überschüssiges Fett auf, sorgt für Feuchtigkeit im Garraum und lässt das Grillgut nicht so schnell weitergaren.

AUF DIE TECHNIK KOMMT ES AN

Gasgrill (ab zwei Temperaturreglern)

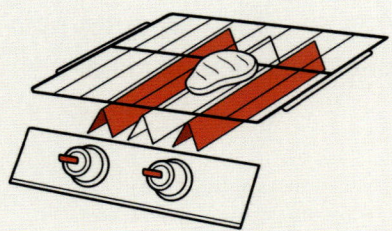

Direkte Hitze: Bedeutet die unmittelbare Hitze unter dem Grillgut. Die Regler sind an, der Grill wird auf die gewünschte Temperatur gebracht und das Grillgut auf dem Rost über den angeschalteten Brennern platziert. Beim Grillen mit der Sear Zone, falls vorhanden, den zusätzlichen Brenner einschalten.

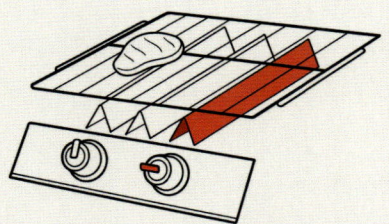

Indirekte Hitze (A): Bedeutet, dass das Grillgut auf dem Rost seitlich neben dem eingeschalteten Brenner liegt. Nach dem Vorheizen lässt man nur einen Brenner an. Wo das Grillgut platziert wird, ist der Brenner aus und der Regler steht auf null. Je nach Anzahl der Brenner des jeweiligen Gasgrills variieren die Möglichkeiten zum indirekten Grillen.

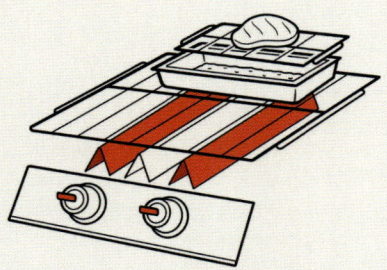

Indirekte Hitze (B): Bei dieser indirekten Grillmethode sind die Brenner auf die gewünschte Grilltemperatur eingestellt, das Grillgut wird auf den Ablagerost gelegt. Eine Auffangschale, bei fettreichem Grillgut zu einem Drittel mit Wasser gefüllt, steht darunter. Vorteil dieser Methode ist, dass das Grillgut mit indirekter Hitze gegrillt wird und weitere Zutaten über direkter Hitze zubereitet werden können.

ORGANISATION AUF DEM GRILL
NACHEINANDER VERSCHIEDENE GERICHTE GRILLEN

Anstelle von zwei oder vier Leuten haben sich noch ein paar mehr zur Grillsession angemeldet, und ihr werdet unsicher, ob der kleine Grill für so viele ausreicht? Auch für eine größere Runde zu grillen ist auf einem kleinen Grill machbar, wenn ihr euch vorher ein wenig organisiert.

1 CLEVER WÄHLEN UND EINKAUFEN

Wenn ihr verschiedene Gerichte in der Abfolge eines Menüs oder nacheinander grillen möchtet, solltet ihr Rezepte wählen, die eine ähnliche Zutatenliste haben. Faustregel: Nicht mehr als 20 Zutaten auf der Einkaufsliste!

2 DEN ABLAUF PLANEN

Bei mehreren Gästen ist Planung das A und O. Dazu solltet ihr die Rezepte genau durchlesen und die Zubereitungs-, Grill- und Ruhezeiten, die jeweils angegeben sind, in eure Planung mit einbeziehen. In den meisten Fällen lässt sich einiges bereits am Vortag oder zumindest Stunden vorher vorbereiten.

3 GRILLTOOLS

Gerade beim Handling von kleinerem Grillgut, beim Grillen für mehrere Leute oder von zarteren Zutaten helfen euch Tools. Die Top drei sind: gusseiserne Grillpfanne, Räucherbrett und BBQ Keramik-Backform. Langstielige Grillzangen, Grillwender und Grillhandschuhe sowie gute Messer gehören ebenfalls zum Einmaleins erfolgreichen Grillens.

4 GERICHTE MIT ÄHNLICHEN GRILL-TEMPERATUREN WÄHLEN

Ähnliche Grilltemperaturen haben den Vorteil, dass ihr zum Grillen verschiedener Gerichte in der von euch geplanten Zeit bleibt. Sie tragen außerdem zur Qualität eures Grillguts bei, da ihr es keinen größeren Temperaturschwankungen aussetzt. Und energieeffizienter ist es auch noch!

5 DIE GESAMTGRILLDAUER PLANEN

Auch wenn Zubereitungs- und Grillzeiten klar sind, solltet ihr ebenso die Zeit zum Vorheizen des Grills mit einplanen. Dabei gilt: Je kleiner der Grill und je höher seine Leistung, umso schneller ist er auf Betriebstemperatur. Aber: Je kälter es draußen ist, desto länger braucht er zum Vorheizen. Auch häufiges Öffnen des Deckels beeinflusst die Grilldauer, da der Grill immer wieder auf Zieltemperatur gebracht werden muss.

6 RUHEZEITEN BERÜCKSICHTIGEN

Die Ruhezeiten von Fisch, Fleisch und Geflügel steigern nicht nur die Qualität eures Grillguts, sondern ihr könnt in dieser Zeit auch noch Kleinigkeiten am Grill oder am Tisch erledigen. Zum Ruhenlassen oder Warmhalten eignen sich für unterwegs Isolier- oder Kühlboxen.

7 RUHE BEWAHREN

Hektik am Grill hilft euch nicht weiter. Ungeduld und zu hohe Temperaturen ruinieren euer Grillgut. Grillt mit geschlossenem Deckel, vertraut eurem Grill und bleibt entspannt. Was soll schon schiefgehen?

Mehrere Gerichte auf einem kleinen Grill zubereiten

1. Desserts wie Tartes, Pies und Kuchen könnt ihr fast komplett vorbereiten und nach dem Hauptgang nur noch mal warm machen. Früchte und andere schnelle Desserts lassen sich bis auf wenige Ausnahmen vollständig vorbereiten und nach dem Hauptgang blitzschnell grillen.

2. 3–4 cm dicke Steaks brauchen länger auf dem Grill als zartes Gemüse oder eine schnelle Beilage. Zu Beginn kann man bei höheren Temperaturen mit den Steaks starten, dann ist der Grill ordentlich vorgeheizt, und später lässt sich mit einer einheitlichen Temperatur grillen.

3. Das Gemüse in einem gusseisernen Tool zubereiten. Das erleichtert das Handling, weil Gusseisen gut die Hitze speichert und man später alles noch einmal problemlos erwärmen kann. Die Steaks werden weitergegrillt, ohne die Grilltechnik zu ändern.

4. Die Steaks befinden sich in der Ruhephase und die Beilage ist fertig vorbereitet. Beilagen mit kürzerer Grilldauer lassen sich gut auch nach dem Servieren der Vorspeise zubereiten. Die Vorspeise kann in einem durchgegrillt und serviert werden.

5. Für den Hauptgang ggf. das Gemüse erwärmen oder aber schnelle Beilagen wie Spargel grillen. Die Temperatur der Steaks sollte +/−5 Grad im Bereich der Kerntemperatur liegen. Sind sie zu heiß, weiter ruhen lassen, sind sie zu kalt, nochmals auf den Grill legen.

6. Zum Schluss nur noch das vorbereitete Dessert erwärmen oder auch kleine Gerichte mit kurzer Grilldauer zubereiten.

Grillparty ALL NIGHT LONG
„Fingerfood – Share Your Food"

Mit einem kleinen Grill eine große Grillparty feiern geht nicht? Aber klar doch! Kleine und schnelle Gerichte im Fingerfood-Stil helfen euch dabei, eure Leute bei Laune zu halten und schnell satt zu bekommen. Was ebenso gut funktioniert ist „Share Your Food": Man bereitet verschiedene Gerichte und Grillbestandteile zu, stellt sie mitten auf den Tisch, und alle bedienen sich selbst. So habt ihr weniger Stress beim Anrichten, es geht schneller, das Essen kann in gusseisernen Tools wie Pfannen oder Formen länger warm gehalten werden, und das fröhliche Miteinander am Tisch fördert mit Sicherheit die Kommunikation unter euren Gästen.

DEN GRILL REINIGEN

Nach dem Grillen schalten viele den Grill aus, ziehen den Stecker oder lassen die Holzkohle verglühen und schließen den Deckel. Licht aus, fertig! Damit ihr bei der nächsten Grillsession genau dort anknüpfen könnt, wo ihr beim letzten Mal aufgehört habt, nämlich im Grillfieber, sind hier die wichtigsten Tipps zur Reinigung eures Grills:

Die Alu-Tropfschale überprüfen und säubern oder austauschen. Den Grill nach dem Grillen ausbrennen. Das bedeutet, den Grill bei voller Hitze (290 °C +) vorzuheizen und auszurauchen. Anschließend den Grill ausschalten und mit der Reinigungsbürste alle Rückstände vom Grillrost entfernen.

Bei Elektrogrills gegebenenfalls die emaillierte Unterschale reinigen. Dazu das Heizelement entfernen und die Schale herausnehmen. Bei Gasgrills die Aromaschienen abbürsten. Den Innenraum überprüfen und nach Bedarf reinigen. Die Reinigung des Innenraums (Unterschale und Deckel) ist wichtig, damit die Hitze auf einem hohen Niveau bleibt. Nur ein sauberer Grill erreicht durch die Abstrahlhitze der Emaillen die optimale Hitze.

Den Grilldeckel innen reinigen und außen mit warmem Wasser und einem Spritzer Spülmittel säubern. Spezielle Reinigungsmittel des Herstellers können dabei unterstützen, ihr solltet aber immer die individuellen Reinigungshinweise des Herstellers beachten. Karbonisiertes Fett auf der Innenseite des Deckels verringert die Abstrahlhitze und damit auch die Oberhitze.

DEN GRILL AUFBEWAHREN

Gerade beim Campen lässt man den Grill meist draußen, im besten Fall überdacht stehen. Damit es beim nächsten Grillvergnügen keine bösen Überraschungen gibt, hier eine kleine To-do-Liste, um euren Grill bestmöglich vor widrigen Wetterverhältnissen zu schützen.

Nässe und Kälte machen den blitzblank gereinigten Grill-rost für Flugrost anfällig, vor allem wenn der Grill längere Zeit nicht benutzt wird. Dagegen helfen korrosionshemmende Pflegemittel, nahrungsmittelechte fettreiche Trennsprays oder das Einreiben mit etwas Speiseöl.

Der Elektrogrill sollte von der Stromquelle getrennt und das Kabel trocken verstaut werden. Beim Gasgrill solltet ihr die Gasflasche abschließen, damit, falls ihr versehentlich an den Regler kommt oder vergessen habt, die Gasflasche zuzu-drehen, es nicht zu einem Gasstau unter dem Deckel kommt und die Gasflasche leerläuft.

Wer seinen Grill längere Zeit draußen stehen lässt, sollte ihn auf jeden Fall mit einer Abdeckhaube schützen. Wenn euer Grill Roste aus Gusseisen hat, solltet ihr zudem die gesäuberten Roste herausnehmen, einölen, in ein Tuch einpacken und an einem trockenen Ort aufbewahren, da die Feuchtigkeit von unten in den Grill hochsteigt.

TOOLS FÜRS CAMPING-GRILLEN

Mit dem richtigen Equipment holt ihr auch aus einem kleinen Grill das Maximum an Zubereitungsmöglichkeiten heraus und könnt euch auf neue Grillabenteuer freuen.

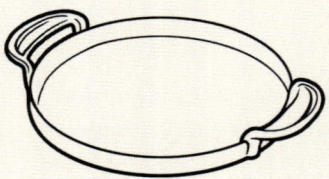

Gusseiserne Grillpfanne

Mit diesem Multitalent könnt ihr alles Mögliche zubereiten – von gebratenen Eiern mit Speck zum Frühstück bis hin zu einem Auflauf. Auch für kleinteiliges Gemüse oder dünne Fischfilets ist die Pfanne ideal. Ein unverzichtbares Tool für kleine Grills, das bei Bedarf euer Grillgut auch noch warm hält, wenn ihr eine zweite Grillrunde drehen wollt.

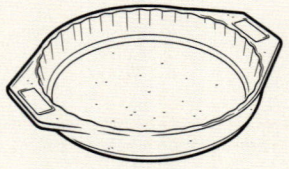

BBQ Keramik-Backform

Die Backform eignet sich perfekt zum Grillen von Kuchen und Desserts, aber auch von Aufläufen. Die seidenmatte Oberfläche verhindert, dass der Teig kleben bleibt, und durch die großen Griffe lässt sich die Form einfach und bequem vom Grill zum Tisch bringen.

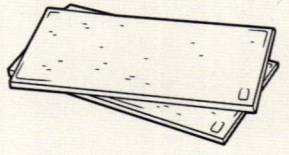

Räucherbrett aus Zedernholz

Ein unbehandeltes Räucherbrett aus Zedernholz verleiht Grillgut ein besonderes Aroma, eignet sich zum indirekten Grillen und erleichtert das Handling auf kleinen Grills. Vor dem Auflegen auf den Rost muss es mindestens 1 Stunde gewässert werden, damit es nicht in Brand gerät.

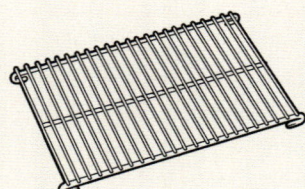

Bratenrost mit Hitzeschild

Mit diesem Tool könnt ihr auch auf einem kleinen Grill indirekt grillen. Das Grillgut kommt auf den Bratenrost, diesen setzt ihr auf das Hitzeschild und platziert beide direkt auf den Rost des Grills.

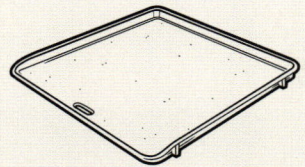

Plancha

Auf der mobilen Grillplatte könnt ihr zubereiten, was das Herz begehrt – vom Frühstück bis zum Mitternachtssnack. Für jeden Grilltyp gibt es das passende Modell. Am häufigsten kommt sie auf Gas- und Elektrogrills zum Einsatz.

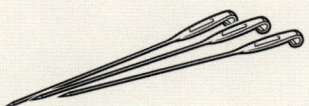

Spieße

Bambus-, Metall- oder Doppelspieße sind für Schaschlik, Gemüse- und Obststücke etc. unerlässlich, denn sie halten die Zutaten gut zusammen, während sie direkt auf dem Grillrost garen. Bambusspieße solltet ihr vor der Verwendung mindestens 30 Minuten wässern, damit sie nicht verbrennen.

Reinigungsbürste

Ein sauberer Rost ist sehr wichtig für den Grillerfolg. Zum Reinigen der Streben solltet ihr eine stabile, langstielige Bürste mit unlösbar verankerten Edelstahlborsten verwenden. Für kleinere stark verschmutzte Stellen gibt es passende kleine Bürsten.

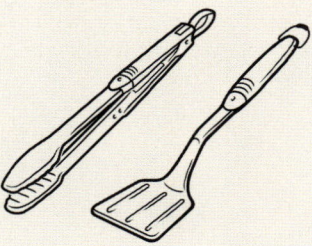

Grillzange und Grillwender

Mit einer langstieligen und stabilen Zange mit Federmechanik könnt ihr euer Grillgut nicht nur präzise greifen und auf dem Rost bewegen, sondern sie schützt auch eure Hände und Unterarme vor Hitze. Ideal ist eine Zange für rohe Zutaten und eine für das fertige Grillgut. Ebenso unerlässlich beim Grillen ist ein Grillwender, mit dem ihr etwa Pattys oder Fischfilets wenden oder auch anderes Grillgut einfach vom Rost heben könnt. Er sollte einen langen Griff mit einem leichten Knick haben, damit die Hebefläche tiefer liegt.

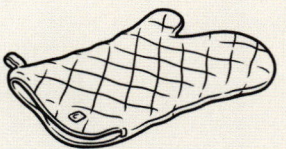

Grillhandschuhe

Sind beim Grillen besonders wichtig zum Schutz eurer Hände und Unterarme. Die Grillhandschuhe sollten dick und lang sein und eine hitzebeständige Isolierung haben.

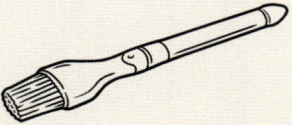

Pinsel

Wenn ihr euer Grillgut mit Marinaden, Saucen und Co. bestreichen möchtet, kommt ihr nicht ohne Pinsel aus. Er sollte am besten Silikonborsten und einen langen Griff haben.

DIPS UND SAUCEN

1 Salsa de Palta

ERGIBT CA. 300 ML

vegan

200 g Avocadofruchtfleisch mit dem Saft von ½ Limette im Mörser oder mit einer Gabel sehr fein zerdrücken. Anschließend 1 fein gewürfelte Tomate ohne Kerne und ½ fein gewürfelte Zwiebel einrühren und die Salsa mit Meersalz sowie schwarzem Pfeffer aus der Mühle würzen.

2 Tomato Paste

ERGIBT CA. 300 ML

vegan

100 g in Öl eingelegte getrocknete Tomaten sehr fein hacken und in eine Schüssel geben. Mit 1 fein gewürfelten Knoblauchzehe, 2 EL Tomatenmark und 100 ml Tomatenketchup verrühren und mit Meersalz sowie Cayennepfeffer würzen.

3 Smoked Onion Dip

ERGIBT CA. 300 ML

vegan

In einer Pfanne 200 g fein gewürfelte Zwiebeln in 1–2 EL Öl in 3–4 Min. goldbraun anbraten. Mit dem Saft von ½ Zitrone ablöschen und auskühlen lassen. Die Zwiebeln in einer Schüssel mit 50 g Mayonnaise, 50 g Frischkäse, ½ TL geräuchertem Paprikapulver und 1 TL Liquid Smoke (Raucharoma) verrühren.

4 Guaiwei

ERGIBT CA. 300 ML

vegan

2 EL Reisessig mit 1 EL Rohrzucker und 2 EL Sojasauce in eine Schüssel geben und so lange rühren, bis sich der Zucker vollständig aufgelöst hat. 200 g Tahin (Sesampaste) und 2 EL geröstete schwarze Sesamsamen einrühren und mit Meersalz sowie Chili aus der Mühle würzen.

DIPS UND SAUCEN

1 Koriander Verde

ERGIBT CA. 300 ML

vegan

Die Blätter samt zarten Stielen von 80 g Koriandergrün fein schneiden und in eine Schüssel geben. Mit 2 fein gewürfelten Knoblauchzehen, dem Saft und Abrieb von 1 Bio-Zitrone, 50 g gerösteten, gehackten Pinienkernen, 1 entkernten, fein gewürfelten grünen Peperoni sowie 50 ml Olivenöl verrühren. Zum Schluss kräftig mit Meersalz würzen.

---

2 Schnelle Shacha Sauce

ERGIBT CA. 300 ML

2 fein gewürfelte Knoblauchzehen mit 1 entkernten, fein gewürfelten roten Chilischote und 3 fein gewürfelten Schalotten in 1–2 EL Sesamöl 3–4 Min. anbraten. Je 1 EL schwarze und weiße Sesamsamen sowie 2 EL Erdnusskerne kurz mitrösten und die Mischung mit 200 ml Fischfond ablöschen. ½ TL Fünf-Gewürze-Pulver, 4 EL Sojasauce, ½ TL gehacktes Sardellenfilet sowie 1 TL fein gehackten Sushi-Ingwer zugeben, aufkochen und abkühlen lassen.

---

3 Huancaina Sauce

ERGIBT CA. 300 ML

vegetarisch

150 g zerbröckelten Schafskäse (Feta), 35 g salzige Kekse (Cracker), 1 gewürfelte Knoblauchzehe, ½ TL gelbe Chilipaste und 100 ml Kondensmilch in einen Rührbecher geben und die Zutaten mit dem Pürierstab sehr fein pürieren.

---

4 Chicken Chili Sauce

ERGIBT CA. 300 ML

25 ml Agavendicksaft erhitzen und 2 fein gewürfelte Knoblauchzehen, 1 fein gewürfelte Zwiebel und 1 entkernte, gewürfelte rote Peperoni darin in mehreren Minuten glasig anschwitzen. 1 TL Speisestärke darübersieben und mit 200 ml Geflügelbrühe ablöschen. Die Sauce aufkochen lassen und vom Herd nehmen. Mit 1 TL Reisessig, ½ TL edelsüßem Paprikapulver und Meersalz würzen.

WÜRZMISCHUNGEN

1 Woodberry-Würzmischung

FÜR 1 KG GRILLGUT
vegan

2 EL schwarze Pfefferkörner, 1 TL Wacholderbeeren, 1 Sternanis, ½ TL Zimtpulver, ½ TL Knoblauchpulver, 1 EL grobes Meersalz
Die Gewürze im Mörser fein zermahlen. Geeignet für Rind- und Schweinefleisch, dunkles Geflügel, Wild sowie Beten und Rüben.

2 Pepper Mill-Würzmischung

FÜR 1 KG GRILLGUT
vegan

1 EL schwarze Pfefferkörner, 1 EL Fenchelsamen, 1 TL Korianderkörner, 1 TL Senfkörner, 1 TL Meersalz
Die Gewürze im Mörser fein zermahlen. Geeignet für Rind- und Schweinefleisch, festen Fisch, Geflügel und Gemüse.

3 Tawjih Turab-Würzmischung

FÜR 1 KG GRILLGUT
vegan

½ TL Chiliflocken, 1 TL Schwarzkümmelsamen, ½ TL Fenchelsamen, ½ TL Korianderkörner, 1 EL Meersalz, 1 EL edelsüßes Paprikapulver, 1 TL rosenscharfes Paprikapulver
Die Gewürze im Mörser fein zermahlen. Geeignet für Rind- und Schweinefleisch, festen Fisch, Geflügel, Gemüse, Pilze und Salat.

4 Red Duty-Würzmischung

FÜR 1 KG GRILLGUT
vegan

1 TL Korianderkörner, 1 TL Fenchelsamen, 2 EL grobes Meersalz, 1 EL edelsüßes Paprikapulver, 1 TL rosenscharfes Paprikapulver
Die Gewürze im Mörser fein zermahlen. Geeignet für Rind- und Schweinefleisch, Geflügel, Wild, Lamm und Gemüse.

5 Dirty Duty-Würzmischung

FÜR 1 KG GRILLGUT
vegan

1½ TL Meersalz, ½ TL brauner Zucker, 1 TL schwarze Pfefferkörner, 1 TL Senfkörner, ½ TL Knoblauchpulver, 8 Kaffeebohnen
Die Gewürze mit den Kaffeebohnen im Mörser fein zermahlen. Geeignet für dunkles Fleisch, Steaks, Fleischspieße und Wurzelgemüse.

6 Orya-Würzmischung

FÜR 1 KG GRILLGUT
vegan

½ Sternanis, 1 EL Korianderkörner, 1 TL Zitronenpfeffer, 1 EL Currypulver, 1 TL Zwiebelpulver, 1 EL brauner Zucker, 1 TL Meersalz
Die Gewürze im Mörser fein zermahlen. Geeignet für Geflügel, Fisch, Gemüse und helles Fleisch.

WÜRZPASTEN

1 Ever Red-Würzpaste

FÜR 1 KG GRILLGUT
vegan

100 g klein geschnittene in Öl eingelegte getrocknete Tomaten, 1 TL Schwarzkümmel, 2 geschälte Knoblauchzehen, ½ TL Meersalz, 1 gewürfelte rote Peperoni, 1 EL Tomatenmark, 1 EL Ketchup
Alle Zutaten zu einer feinen Gewürzpaste verarbeiten. Geeignet für Rind, Schwein, Kalb, dunkles Geflügel, kräftigen Fisch, Tofu und Seitan.

2 Indian Butter Chicken-Würzpaste

FÜR 1 KG GRILLGUT
vegan

1 gewürfelte rote Peperoni, 1 gehobeltes walnussgroßes Stück Ingwer, 4 geschälte Knoblauchzehen, 100 ml ungesüßte Kokosmilch, 1 TL Tomatenmark, 25 g Cashewkerne, ½ TL gemahlener Koriander, ½ TL gemahlene Kurkuma, ½ TL Meersalz
Alle Zutaten zu einer feinen Gewürzpaste verarbeiten. Geeignet für Geflügel, Rind, Schwein, Kalb, Krustentiere, Tofu und Tempeh.

3 Yam Pak-Würzsauce

FÜR 1 KG GRILLGUT

1 fein gewürfelte rote Peperoni, 2 fein gehackte Stangen Zitronengras, 1 fein gehobeltes walnussgroßes Stück Ingwer, 75 ml Fischsauce, Saft von 2 Limetten, 1 EL Palmzucker
Alle Zutaten miteinander verrühren. Geeignet für Fisch, Gemüse, Salat, helles Geflügel, Kalb und Schwein.

4 Pökellake

FÜR 1 KG GRILLGUT
vegan

80 g Meersalz, 4 geschälte, angedrückte Knoblauchzehen, 25 g mediterrane Kräuter (Rosmarin, Thymian, Lorbeer, Salbei), 1 TL schwarze Pfefferkörner, 1 TL Wacholderbeeren
Für eine 8%ige-Pökellake das Meersalz mit 1 l Wasser verrühren und die übrigen Zutaten einrühren. Geeignet für Fisch, Geflügel und Schwein.

5 Beef Chipotle-Paste

FÜR 1 KG GRILLGUT

3 EL abgetropfte eingelegte Jalapeños (Glas), 2 geschälte Knoblauchzehen, 1 TL Tomatenmark, 1 TL geräuchertes Paprikapulver, 1 EL BBQ-Sauce, 4 EL Mayonnaise, Meersalz
Die Zutaten außer dem Meersalz zu einer feinen Gewürzpaste verarbeiten, dann mit Meersalz abschmecken. Geeignet für Rind, Schwein, Kalb, dunkles Geflügel, Seitan, Tempeh und Tofu.

Flamed Sunrise

FRÜHSTÜCK UND KLEINE SNACKS

Ob süß oder herzhaft, deftig oder leicht
und frisch, wichtig ist, dass die erste Mahlzeit
am Tag Energie liefert und schmeckt.
Und für den kleinen oder großen Hunger
zwischendurch ist natürlich auch gesorgt.
Let's start the day on a happy note!

Roasted Cerealien Bowl

Das großartigste Kürbiskernöl der Welt
kommt aus der Steiermark in Österreich.
Kleine Höfe und Ölbetriebe holen Jahr für
Jahr das Beste aus den Kernen heraus.
Für den extra „Food Fame-Faktor" könnt ihr
eure Bowl mit 1–2 EL des fantastischen
Kernöls verfeinern.

1. Den Grill für direkte mittlere bis starke Hitze (180–200 °C)
vorbereiten. Die Pfanne bei geschlossenem Deckel 8–10 Min.
vorheizen.

2. Die Früchte putzen, je nach Beschaffenheit in grobe Stücke
schneiden und mit dem Rapsöl vermengen.

3. Den Ahornsirup in die vorgeheizte Pfanne gießen, das
Früchtemüsli hineinstreuen und 3–5 Min. unter Rühren rösten.
Die Pfanne vom Grill nehmen, das Müsli in eine Schüssel
geben und etwas auskühlen lassen.

4. Die Früchte auf den Grillrost legen und je nach Beschaffenheit bei geschlossenem Deckel 3–4 Min. grillen, dabei einmal
wenden. Vom Grill nehmen.

5. Die Beeren verlesen und putzen.

6. Zum Servieren den Joghurt glatt rühren und in Bowls
verteilen. Das geröstete Müsli zugeben und mit den gegrillten
Früchten und den Beeren toppen.

TIPP: Je süßer die Früchte, umso höher ist ihr Fruchtzuckeranteil.
Dementsprechend müssen sie kürzer gegrillt werden, damit sie
nicht zerfallen oder zu braun werden.

VORBEREITUNG
10 Min. zubereiten

GRILLZEIT
4–6 Min.

GRILLMETHODE
direkte Hitze

vegetarisch

FÜR 4 PERSONEN
200–300 g Früchte nach
    Saison (z. B. Pfirsiche,
    Pflaumen, Zwetschgen,
    Nektarinen, Aprikosen,
    Äpfel, Birnen)

1–2 EL Rapsöl

4–6 EL Ahornsirup

200 g Früchtemüsli

100 g gemischte Beeren
    (z. B. Himbeeren Heidel-
    beeren, Brombeeren)

300 g griechischer Joghurt
    (mind. 10 %)

ZUBEHÖR
gusseiserne Grillpfanne

1 Cheesy Doissants

FÜR 4 PERSONEN
vegetarisch

2 Eigelb (M) verquirlen. 1 Rolle Blätterteig (Kühlregal) auf der mit Mehl bestreuten Arbeitsfläche zu doppelter Größe ausrollen, mit Eigelb einpinseln und mit 50 g geriebenem Cheddar bestreuen. Einmal einschlagen, erneut ausrollen, mit Eigelb bepinseln und wieder mit 50 g Cheddar bestreuen. Den Teig wieder einschlagen, mit dem restlichen Eigelb bestreichen und mit 50 g Cheddar bestreuen. Danach den Teig mit einem 6 cm großen Garnierring (ersatzweise einem Glas) ausstechen, die Mitte der ausgestochenen Teigkreise jeweils mit einem 1–2 cm großen Garnierring (ersatzweise einem Kronkorken) ausstechen. Die Doissants nebeneinander auf die mit Backpapier ausgelegte Plancha setzen und über indirekter mittlerer bis starker Hitze (180–200 °C) bei geschlossenem Deckel 8–10 Min. backen.

2 Eismeerstulle

FÜR 4 PERSONEN

4 Scheiben Bauernbrot mit je 1 TL Butter bestreichen, mit der ungebutterten Seite nach unten auf die vorgeheizte Plancha legen und über indirekter mittlerer bis starker Hitze (180–200 °C) bei geschlossenem Deckel 4–5 Min. grillen, dabei einmal wenden. 125 g Eismeergarnelen mit 4 EL fein gewürfelter Salatgurke, 1 EL fein gewürfelter Schalotte und 4 EL fein gewürfelten Tomaten vermengen und mit Meersalz und schwarzem Pfeffer aus der Mühle würzen. Den Garnelenmix auf den Stullen verteilen und mit Dill garnieren.

3 Weber's Epp

FÜR 4 PERSONEN

12 Scheiben Frühstücksspeck auf der vorgeheizten Plancha verteilen und über indirekter mittlerer bis starker Hitze (180–200 °C) bei geschlossenem Deckel 3–4 Min. grillen, dabei einmal wenden. Den Speck mit klein gewürfelten Brotscheiben sowie 2 in Ringe geschnittenen roten Spitzpaprikas bestreuen und bei geschlossenem Deckel 3–4 Min. weitergrillen. Danach 4 Eier (M) darüber aufschlagen und auf Sicht zu Spiegeleiern braten. Zum Servieren mit Meersalz und schwarzem Pfeffer aus der Mühle würzen und mit 1 EL fein gehackter Petersilie bestreuen.

4 Broil Cakes

FÜR 4 PERSONEN

Den Grill für indirekte mittlere bis starke Hitze (180–200 °C) vorbereiten und die Plancha bei geschlossenem Deckel 6–8 Min. vorheizen. 1 EL Öl auf die vorgeheizte Plancha gießen und darauf 200 g Rinderhackfleisch bei geschlossenem Deckel 4–5 Min. braten. Danach das Fleisch mit 1 fein gewürfelten Zwiebel, 1 fein gewürfelten grünen Paprikaschote sowie 1 TL edelsüßem Paprikapulver bestreuen und mit Meersalz würzen. Die Zutaten kurz mitgrillen, danach auf der Plancha in 4 Portionen teilen und jede Portion nacheinander mit 1 verquirlten Ei übergießen. Die Broil Cakes bei geschlossenem Deckel weitere 1–2 Min. grillen, dabei einmal wenden und mit 1 EL fein gehackter Petersilie toppen.

1 Lachs-Croissants

FÜR 4–6 PERSONEN

1 Rolle Croissant-Teig (Kühlregal) abrollen und den Teig in Dreiecke trennen. Mit der breiten Seite nach unten nebeneinander auflegen. Die Teigdreiecke mit je 1 EL Schmand, 1 EL fein geschnittenen Frühlingszwiebeln und 1 Scheibe Räucherlachs belegen und von unten zur Spitze hin aufrollen. Die gefüllten Croissants auf der vorgeheizten Plancha über direkter mittlerer bis starker Hitze (180–200 °C) bei geschlossenem Deckel 6–8 Min. backen, dabei einmal wenden.

---

2 Camembert-Bubbles

FÜR 4–6 PERSONEN
vegetarisch

1 Rolle Frühstücksbrötchen (Kühlregal) öffnen, die Teigstücke voneinander trennen und vierteln. 200 g Camembert würfeln. Die Camembertwürfel mit den geviertelten Teigstücken locker vermengen, in 4–6 Portionen teilen und auf der vorgeheizten Plancha über indirekter mittlerer bis starker Hitze (180–200 °C) bei geschlossenem Deckel 6–8 Min. grillen, dabei einmal wenden und mit je 1–2 EL Himbeeren sowie je ½ TL Schnittlauchröllchen bestreuen.

---

3 Hashtag Breakfast

FÜR 4–6 PERSONEN

Den Grill für indirekte mittlere bis starke Hitze (180–200 °C) vorbereiten und die Plancha bei geschlossenem Deckel 6–8 Min. vorheizen. 1 EL Öl sowie 80 g Speckwürfel auf die vorgeheizte Plancha geben und den Speck bei geschlossenem Deckel 3–4 Min. grillen. 1 fein gewürfelte Zwiebel dazugeben und glasig anschwitzen. 400 g grob geriebene festkochende Kartoffeln auf der Plancha verteilen, mit Speckwürfeln und Zwiebeln vermengen und in 8 gleich große Portionen teilen. 4 Eier (M) verquirlen. Die Kartoffelportionen bei geschlossenem Deckel 6–8 Min. grillen, dabei einmal wenden und gleichmäßig mit verquirltem Ei übergießen. Bei geschlossenem Deckel fertig grillen. Zum Servieren nach Belieben mit Rucola toppen.

---

4 Bread Dogs

FÜR 4–6 PERSONEN

1 Scheibe Bauernbrot zu feinen Bröseln verarbeiten. 4 Wiener Würstchen panieren. Dafür die Würstchen zuerst in 1–2 EL Mehl, dann in 1–2 verquirlten Eiern (M) und zuletzt in den Brotbröseln wenden. 1–2 EL Öl auf die vorgeheizte Plancha gießen und darin die Würstchen über direkter mittlerer bis starker Hitze (180 bis 200 °C) auf Sicht 5–6 Min. grillen, dabei gelegentlich wenden. Nach Belieben in Stücke schneiden und mit Zahnstochern servieren.

Kartoffelomelette

Festkochende Kartoffeln eignen sich am besten, wenn ihr geriebene, geraspelte oder gehobelte Kartoffeln kurz auf der Plancha grillen wollt.

1. Den Grill für direkte mittlere bis starke Hitze (190–210 °C) vorbereiten. Die Plancha bei geschlossenem Deckel 8–10 Min. vorheizen.

2. Die Kartoffeln schälen und grob raspeln. Die Eier verquirlen und mit Meersalz sowie schwarzem Pfeffer würzen. Den Schnittlauch kalt abbrausen, trocken schütteln und in feine Röllchen schneiden. Die Hälfte des Schnittlauchs in die verquirlten Eier rühren.

3. Die Tomaten von den Rispen zupfen, waschen, trocken tupfen und vierteln. Den Kräutersalat verlesen, waschen und trocken schleudern.

4. Die Kartoffelraspel in 8 gleich große Portionen teilen. Das Olivenöl auf die vorgeheizte Plancha gießen, 4 Portionen geraspelte Kartoffeln auf die Plancha geben und aus jeder Portion ein 4–6 cm breites und ca. 20 cm langes Rösti formen. Die Röstis bei geschlossenem Deckel 3–5 Min. grillen. Anschließend wenden, auf 2 Röstis jeweils ein Viertel der verquirlten Eier gießen und bei geschlossenem Grilldeckel 2–3 Min. backen.

5. Die beiden mit Ei überbackenen Kartoffelomelettes auf zwei Teller verteilen, mit jeweils einem Viertel der Tomaten und des Salats toppen, mit je einem Viertel des Zitronensafts beträufeln und mit einem Viertel des übrigen Schnittlauchs toppen. Anschließend die ohne Ei gebackenen Röstis auf den Tellern anrichten und mit Meersalz würzen.

6. Die restlichen 4 Portionen Kartoffelraspel genauso backen und auf den Tellern anrichten.

VORBEREITUNG
15–20 Min. zubereiten

GRILLZEIT
10–15 Min.

GRILLMETHODE
direkte Hitze

vegetarisch

FÜR 2–4 PERSONEN
400 g festkochende
 Kartoffeln

4 Eier (M)

Meersalz

schwarzer Pfeffer
 aus der Mühle

½ Bund Schnittlauch

200 g bunte Kirsch-
 tomaten (mit Rispen)

120 g Kräutersalat

3–4 EL Olivenöl

Saft von ½ Zitrone

ZUBEHÖR
Plancha

TIPP: Ihr könnt die Kartoffelomelettes auch noch mit Crème fraîche toppen.

Süßkartoffel-Dippers

Dieses einfache Gericht lässt sich auch gut mit Kartoffeln, Petersilienwurzeln, Rüben und anderem festen Gemüse zubereiten.

1. Den Grill für direkte mittlere bis starke Hitze (180–200 °C) vorbereiten. Die Süßkartoffeln putzen, schälen und quer in 1–1,5 cm dicke Scheiben schneiden.

2. Süßkartoffelscheiben mit Olivenöl einreiben und mit Meersalz würzen. Auf den Grillrost legen und bei geschlossenem Deckel 8–10 Min. grillen, dabei einmal wenden.

3. Die Trauben waschen, trocken tupfen und halbieren. Petersilie verlesen, kalt abbrausen, trocken schütteln, die Blätter samt Stielen fein schneiden. Den Parmesan hobeln.

4. Den Sauerrahm mit Meersalz sowie schwarzem Pfeffer würzen und auf den Tellern verstreichen.

5. Die gegrillten Süßkartoffelscheiben locker auf dem Sauerrahm verteilen und mit schwarzem Pfeffer würzen.

6. Zum Servieren mit Trauben, Parmesanspänen und fein geschnittener Petersilie toppen.

VORBEREITUNG
10–15 Min. zubereiten

GRILLZEIT
8–10 Min.

GRILLMETHODE
direkte Hitze

vegetarisch

FÜR 4 PERSONEN
2 Süßkartoffeln (je 240–300 g)
2–3 EL Olivenöl
Meersalz
200 g bunte Trauben
½ Bund glatte Petersilie
35 g Parmesan
4 EL Sauerrahm
schwarzer Pfeffer aus der Mühle

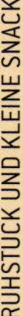

TIPP: Anders als Kartoffeln können Süßkartoffeln auch roh gegessen werden, ihr Geschmack ist dann knackig und süß. Neben der Knolle mit Schale sind auch die Blätter genießbar und können beispielsweise roh im Salat verwendet werden.

Counter **Toasties**

Wählt die Konfitüre nach eurem Geschmack aus. Wem die Kombination zu süß sein sollte, lässt die Konfitüre einfach weg und ersetzt sie beispielsweise durch Frischkäse.

1. Den Grill für direkte mittlere bis starke Hitze (190–210 °C) vorbereiten. Die Plancha bei geschlossenem Deckel 8–10 Min. vorheizen.

2. Die Toastbrötchen aufschneiden und die Schnittflächen dünn mit Butter bestreichen. Die Spitzpaprikas putzen, waschen, trocken tupfen, der Länge nach halbieren, entkernen und in schmale Streifen schneiden.

3. Die Petersilie verlesen, kalt abbrausen, trocken schütteln und die Blätter samt Stielen sehr fein schneiden. Die Speckscheiben auf der vorgeheizten Plancha bei geschlossenem Deckel in 4–6 Min. knusprig grillen, dabei einmal wenden. Auf Küchenpapier abtropfen lassen.

4. Jetzt die Paprikastreifen auf die Plancha geben und bei geschlossenem Deckel 4–5 Min. grillen, dabei gelegentlich umrühren und mit Meersalz sowie schwarzem Pfeffer würzen.

5. Gleichzeitig die Toastbrötchen zuerst mit den ungebutterten Seiten nach unten auf den Grillrost legen und leicht Farbe annehmen lassen. Danach wenden und die Schnittflächen auf Sicht anrösten.

6. Die Böden der Toasties mit Konfitüre bestreichen, mit Paprikastreifen belegen und mit je 3 Speckscheiben toppen. Das Öl auf die Plancha gießen, die Eier aufschlagen, auf die Plancha gleiten lassen und bei geöffnetem Deckel in 2–3 Min. zu Spiegeleiern braten. Die Eier mit Meersalz und schwarzem Pfeffer würzen, auf den Speck legen, mit Petersilie bestreuen und mit den Toastie-Deckeln abschließen.

VORBEREITUNG
10–15 Min. zubereiten

GRILLZEIT
10–15 Min.

GRILLMETHODE
direkte Hitze

FÜR 4 PERSONEN
4 Toastbrötchen
2 EL Butter, raumtemperiert
2 rote Spitzpaprikas
½ Bund glatte Petersilie
12 Scheiben Frühstücksspeck
3–4 EL Öl
Meersalz
schwarzer Pfeffer aus der Mühle
2 EL Konfitüre (nach Geschmack)
4 Eier (M)

ZUBEHÖR
Plancha

TIPP: Für ein weiteres süßes Topping könnt ihr die Schnittflächen der Toastie-Deckel zusätzlich mit Erdnussbutter bestreichen.

La Steak **Burrito**

Für diese Burritos könnt ihr jegliche Cuts vom Rind mit kurzer Grilldauer verwenden, zum Beispiel Rumpsteak, Skirt Steak, Hanging Tender und Filet, aber auch Hähnchenbrust, Schweinerückenfilet, Secreto oder Pluma.

1. Den Grill für starke Hitze (220–230 °C) vorbereiten.

2. Das Flank Steak trocken tupfen, von beiden Seiten hauchdünn mit Olivenöl einreiben und mit Meersalz würzen. Auf den Grillrost legen und bei geschlossenem Deckel 8–10 Min. grillen, dabei einmal wenden (Kerntemperatur 52–54 °C). Vom Grill nehmen und 3–5 Min. ruhen lassen.

3. Inzwischen Paprika und Peperoni putzen, waschen und trocken tupfen. Die Paprika vierteln, entkernen und in Würfel schneiden. Die Peperoni in feine Ringe schneiden.

4. Das gegrillte Steak quer zur Faser in dünne Scheiben schneiden, mittig auf den Weizen-Tortillas verteilen und mit Meersalz würzen.

5. Paprikawürfel, geriebenen Cheddar sowie Peperoniringe auf das Fleisch geben, die Seitenränder der Tortillas einschlagen und die Tortillas locker von unten nach oben aufrollen.

6. Die Burritos mit der Nahtseite nach unten auf den Grillrost legen und bei geschlossenem Deckel 4–6 Min. grillen, dabei einmal wenden.

TIPP: Grüne Peperoni zählen zu den milderen Chilisorten, doch wer noch etwas weniger Schärfe bevorzugt, kann die Schoten längs halbieren und die Kerne entfernen.

Damit die Tortillas beim Rollen nicht reißen, solltet ihr sie vor der Zubereitung einzeln auf jeder Seite mit angefeuchtetem Küchenpapier abtupfen, dann übereinanderstapeln und anschließend ca. 10 Minuten in Frischhaltefolie einschlagen.

VORBEREITUNG
10 Min. zubereiten

GRILLZEIT
ca. 15 Min.

GRILLMETHODE
direkte Hitze

RUHEZEIT
3–5 Min.

FÜR 4 PERSONEN
1 Flank Steak (ca. 800 g
   und 1,5–2 cm dick)
1 EL Olivenöl
Meersalz
1 grüne Paprikaschote
1 grüne Peperoni
4 Weizen-Tortillas
   (ø ca. 26 cm)
150 g geriebener Cheddar

Blueberry French **Toast**

VORBEREITUNG
5–10 Min. zubereiten

GRILLZEIT
8–10 Min.

GRILLMETHODE
direkte Hitze

FÜR 4 PERSONEN
2 Avocados
2–3 EL Olivenöl
Meersalz
125 g Heidelbeeren
40 g Rucola
150 g Schafskäse (Feta)
4 Eier (M)
200 ml Vollmilch
20 ml Öl
8 Scheiben Dinkel-
 Sandwichtoast
12 Scheiben Frühstücks-
 speck
4 EL saure Sahne

ZUBEHÖR
Plancha

Mein absoluter „All-time Favorite". Egal ob herzhaftes Frühstück oder für den Hunger zwischendurch: so oder so geschmacksintensiv, unkompliziert und schnell zubereitet.

1. Den Grill für direkte mittlere bis starke Hitze (200–220 ℃) vorbereiten. Die Plancha bei geschlossenem Deckel 8–10 Min. vorheizen.

2. Die Avocados halbieren, jeweils den Kern entfernen, dann das Fruchtfleisch mit einem Löffel lösen und im Ganzen herausheben. Die Schnittflächen mit Olivenöl bepinseln und mit Meersalz würzen. Die Heidelbeeren verlesen, kalt abbrausen und trocken tupfen. Rucola verlesen, waschen und trocken schleudern. Den Schafskäse mit den Händen zerbröseln.

3. Die Eier mit der Milch verquirlen. Das Öl auf die Plancha gießen, die Toastscheiben nacheinander in der Eiermilch wenden und auf die Plancha legen. Die Heidelbeeren darüberstreuen, andrücken und die Toastscheiben bei geschlossenem Deckel 3–4 Min. grillen, dabei einmal wenden.

4. Danach die Toastscheiben vom Grill nehmen und warm halten. Die Avocados mit den Schnittflächen nach unten auf die Plancha legen, dann die Speckscheiben nebeneinander auflegen. Die Avocados auf Sicht braun und den Speck knusprig grillen.

5. Die Avocados vom Grill nehmen und der Länge nach in 1 cm dicke Scheiben schneiden. 4 Sandwichböden mit je 1 EL saurer Sahne einstreichen und mit Rucola belegen.

6. Darauf Avocadoscheiben sowie jeweils 3 Scheiben gegrillten Speck verteilen, mit Schafskäse toppen und mit den übrigen Toastscheiben abschließen.

TIPP: Mit Erdnussbutter werden diese French Toasts noch ein bisschen verwegener, und ohne Speck zubereitet, erhaltet ihr die vegetarische Variante dieser kleinen Köstlichkeit.

Gegrilltes Krabbenbrot mit Rucolabutter

Steht euer Grill gerade? Bei flachen Tools wie Pfanne oder Plancha in Kombination mit Öl kann sonst nicht gleichmäßig gegrillt werden.

VORBEREITUNG
15 Min. zubereiten

GRILLZEIT
15 Min.

GRILLMETHODE
direkte und indirekte Hitze

FÜR 4 PERSONEN

100 g Butter, raumtemperiert

60 g Rucola

Meersalz

schwarzer Pfeffer aus der Mühle

frisch geriebene Muskatnuss

4 fingerdicke Scheiben Roggenbrot

1 rote Zwiebel

125 g Nordseekrabben, küchenfertig vorbereitet

Saft von ½ Zitrone

2 EL Rapsöl

4 Eier (M)

ZUBEHÖR
gusseiserne Grillpfanne
Backpapier (s. Tipp)

1. Den Grill für direkte und indirekte mittlere Hitze (170–180 °C) vorbereiten. In einer Schüssel die Butter mit einem Esslöffel kräftig verrühren. Den Rucola verlesen, waschen und trocken schleudern. Einige Blätter zum Servieren beiseitelegen, den Rest fein schneiden.

2. Den fein geschnittenen Rucola in die Butter rühren und die Butter kräftig mit Meersalz, schwarzem Pfeffer und Muskat würzen. Die Brotscheiben großzügig mit der Rucolabutter bestreichen.

3. Die Zwiebel schälen und in feine Würfel schneiden. Die Krabben mit Zwiebelwürfeln und Zitronensaft vermengen und mit Meersalz sowie schwarzem Pfeffer würzen.

4. Die Brotscheiben über indirekter Hitze bei geschlossenem Deckel 6 bis 8 Min. grillen. Die Grillpfanne mit 1 EL Öl einstreichen, mit Backpapier auslegen und das Papier mit dem restlichen Öl bestreichen. Die Eier aufschlagen und in die Pfanne gleiten lassen, ohne das Eigelb zu verletzen.

5. Jetzt die Krabben auf den Brotscheiben verteilen und die Grillpfanne über direkte Hitze stellen.

6. Die Spiegeleier bei geschlossenem Deckel 3–5 Min. braten. Zum Servieren voneinander trennen, je 1 Spiegelei auf 1 Brotscheibe legen und mit Salz und Pfeffer würzen. Die Brote mit den beiseitegelegten Rucolablättern verfeinern.

Triple Cheese Chicken **Quesadillas**

VORBEREITUNG
15 Min. zubereiten

GRILLZEIT
20–25 Min.

GRILLMETHODE
direkte Hitze

RUHEZEIT
3–5 Min.

FÜR 4 PERSONEN
2 Hähnchenbrüste ohne
   Knochen und Haut
   (je 200–250 g und
   2–3 cm dick), küchen-
   fertig vorbereitet
Olivenöl
Meersalz

AVOCADOCREME
2 Avocados
1 rote Peperoni
2 Knoblauchzehen
Saft von 1 Limette
schwarzer Pfeffer
   aus der Mühle

QUESADILLA
4 Mais-Tortillas
   (ø ca. 26 cm)
50 g abgetropfter Mais
   aus der Dose
75 g verschiedene
   Käsesorten (z. B.
   Cheddar, Emmentaler,
   Bergkäse), gerieben

**Mit dem Käse bestimmt ihr die geschmack-
liche Intensität der Quesadillas. Achtet darauf, Käse zu verwenden, der auch bei gerin-
gerer Temperatur perfekt schmilzt.**

1. Den Grill für direkte mittlere bis starke Hitze (180–200 °C)
vorbereiten. Die Hähnchenbrüste dünn mit Olivenöl einreiben
und mit Meersalz würzen.

2. Die Hähnchenbrüste auf den Grillrost legen und bei geschlossenem Deckel 15–18 Min. grillen, dabei einmal wenden
(Kerntemperatur 72–74 °C). Vom Grill nehmen und 3–5 Min.
ruhen lassen.

3. Inzwischen für die Avocadocreme die Avocados halbieren,
die Kerne entfernen und das Fruchtfleisch mit einem Esslöffel
aus den Schalenhälften heben. In einer Schüssel das Fruchtfleisch mit einer Gabel mittelfein zerdrücken.

4. Die Peperoni putzen, waschen, trocken tupfen, längs
halbieren, entkernen und klein würfeln. Die Knoblauchzehen
schälen und fein würfeln. Beides zur Avocado geben, den
Limettensaft unterrühren und mit Meersalz sowie schwarzem
Pfeffer würzen.

5. Die gegrillten Hähnchenbrüste quer zur Faser in 5 mm
dicke Streifen schneiden. Die Tortillas mit der Avocadocreme
bestreichen, dabei am Rand ca. 2 cm aussparen. Auf 2 Tortillas
Hähnchenstreifen, Mais und den geriebenen Käse verteilen.

6. Die belegten Tortillas jeweils mit 1 unbelegten Tortilla abdecken und auf den Grillrost legen. Bei geschlossenem Deckel
6–8 Min. grillen, dabei einmal wenden. Zum Servieren die
warmen Tortillas in Stücke schneiden.

**TIPP: Die Avocadocreme könnt ihr auch noch mit 1 TL geriebenem
Ingwer und 1 EL fein geschnittenen Korianderblättern verfeinern.
Wer es ein bisschen schärfer mag, entfernt die Kerne der Peperoni
nicht. In den Kernen und Trennwänden befindet sich nämlich das
Capsaicin, der eigentliche „Scharfmacher" der Chilis.**

Steak Tortillas to go

Deftiges Frühstück oder außergewöhnlicher Snack für unterwegs – das Allerbeste dabei: Erlaubt ist, was gefällt!

VORBEREITUNG
15 Min. zubereiten
10 Min. marinieren

GRILLZEIT
6–8 Min.

GRILLMETHODE
direkte Hitze

RUHEZEIT
3–5 Min.

FÜR 4 PERSONEN
1 Flank Steak (600–800 g
 und 1–2 cm dick)
1–2 EL Öl
grobes Meersalz

TOPPING
1 rote Zwiebel
je ½ gelbe, rote und grüne
 Paprikaschote
1 Tomate
einige Stängel glatte Petersilie
100 g abgetropfter Mais
 aus der Dose
schwarzer Pfeffer
 aus der Mühle
2–3 EL Olivenöl

KÄSESAUCE
100 g Sahne
200 g geriebener Cheddar

4 Tüten Tortillachips
 (je ca. 125 g)

ZUBEHÖR
kleiner feuerfester Topf

1. Den Grill für direkte starke bis sehr starke Hitze (240–260 °C) vorbereiten. Das Steak trocken tupfen, rundherum mit Öl einreiben und mit Meersalz würzen. Abgedeckt bei Raumtemperatur ca. 10 Min. marinieren.

2. Für das Topping die Zwiebel schälen, halbieren und fein würfeln. Paprikaschoten und Tomate putzen, waschen, entkernen und in kleine Würfel schneiden. Petersilie kalt abbrausen, trocken schütteln und grob schneiden. Zwiebel, Paprika, Tomate, Petersilie und Mais in einer Schüssel vermengen und mit Salz, schwarzem Pfeffer und Olivenöl abschmecken.

3. Das Steak über direkter Hitze bei geschlossenem Deckel 6–8 Min. grillen, dabei einmal wenden (Kerntemperatur 52–54 °C).

4. Für die Sauce die Sahne in dem feuerfesten Topf auf dem Grill aufkochen. Den Käse zugeben und glatt rühren. Das Steak vom Grill nehmen, 3–5 Min. ruhen lassen, danach mit schwarzem Pfeffer würzen.

5. Das Steak quer zur Faser in sehr dünne Scheiben schneiden und die Schnittflächen mit Salz und Pfeffer würzen.

6. Die Chipstüten öffnen und das Topping darin verteilen. Die Steakscheiben darauflegen und mit Käsesauce verfeinern.

Tomate-Mozzarella-Rührei

VORBEREITUNG
10 Min. zubereiten

GRILLZEIT
6–8 Min.

GRILLMETHODE
direkte Hitze

vegetarisch

FÜR 4 PERSONEN
2 Tomaten

2 Frühlingszwiebeln

1 Mozzarella (125 g)

8 Eier (M)

Meersalz

schwarzer Pfeffer
  aus der Mühle

1 EL Rapsöl

OPTIONAL
4 Brotscheiben, geröstet

1 Handvoll Blattsalate,
  gewaschen und trocken
  geschleudert

Gartenkresse

ZUBEHÖR
gusseiserne Grillpfanne

Das Rührei schmeckt mit allen Arten von frischen Kräutern. Verwendet die, die euch am besten schmecken oder gerade verfügbar sind.

1. Den Grill für direkte mittlere bis starke Hitze (180–200 °C) vorbereiten. Die Pfanne bei geschlossenem Deckel 8–10 Min. vorheizen.

2. Die Tomaten waschen, trocken tupfen, halbieren, den Stielansatz entfernen und die Tomaten klein schneiden. Die Frühlingszwiebeln putzen, waschen, trocken tupfen und in Ringe schneiden. Den Mozzarella klein zupfen.

3. In einer Schüssel die Eier verquirlen und mit Meersalz sowie schwarzem Pfeffer würzen.

4. Die klein geschnittenen Tomaten zusammen mit den Frühlingszwiebeln und dem Öl in die vorgeheizte Pfanne geben und 2–3 Min. anbraten.

5. Die verquirlten Eier in die Pfanne gießen, den gezupften Mozzarella darüberstreuen und die Eier bei geöffnetem Deckel in 4–5 Min. zu einem Rührei braten, dabei gelegentlich rühren.

6. Das Rührei nach Belieben mit gerösteten Brotscheiben sowie Salat servieren und mit Gartenkresse bestreuen.

TIPP: Das Geheimnis eines cremigen Rühreis ist die Temperatur. Sobald ihr die verquirlten Eier in die Pfanne gießt, könnt ihr die Pfanne fast schon vom Grill nehmen, da das Gusseisen die Hitze sehr gut speichert.

51

Käsetoast

VORBEREITUNG
10 Min. zubereiten

GRILLZEIT
6–8 Min.

GRILLMETHODE
direkte Hitze

vegetarisch

FÜR 4 PERSONEN
2–3 Tomaten
4 Feigen
8 Scheiben Bauernbrot
8 Scheiben Raclettekäse

Für dieses Rezept ist Raclettekäse aufgrund seines würzig-aromatischen Geschmacks ideal. Er hat zudem einen niedrigen Schmelzpunkt, was ihn zum Grillen perfekt macht.

1. Den Grill für direkte mittlere bis starke Hitze (180–200 °C) vorbereiten.

2. Die Tomaten waschen, trocken tupfen, halbieren, den Stielansatz entfernen und die Tomaten in Scheiben schneiden. Die Feigen putzen und ebenso schneiden.

3. 4 Bauernbrotscheiben mit je 1 Scheibe Käse belegen. Danach die Tomaten, dann die Feigen und zum Schluss wieder 1 Scheibe Käse auflegen. Die belegten Brote mit je 1 Scheibe Bauernbrot abdecken.

4. Die Brote auf den Grillrost legen und bei geschlossenem Deckel 6–8 Min. grillen, dabei einmal wenden.

TIPP: Damit die Käsetoasts beim Durchschneiden nicht auseinanderfallen, könnt ihr die Hälften mit jeweils einem Zahnstocher fixieren.

Pancakes mit Ahornsirup und Heidelbeeren

Süß, fluffig und fruchtig sind diese kleinen Küchlein – und was die Wahl der Früchte betrifft, auch sehr variabel.

VORBEREITUNG
10 Min. zubereiten

GRILLZEIT
20–25 Min.

GRILLMETHODE
direkte Hitze

vegetarisch

FÜR 12–16 STÜCK PANCAKES
50 g flüssige Butter
 (entspricht ca. 45 g
 fester Butter)

3 Eier (M)

210 ml Milch

50 g Zucker

½ TL Salz

300 g Weizenmehl
 (Type 405)

1 Päckchen Backpulver

4–6 EL Öl

TOPPING
8 EL Ahornsirup

2 EL Butter

200 g Heidelbeeren,
 verlesen, abgebraust
 und abgetropft

ZUBEHÖR
gusseiserne Grillpfanne
 oder Plancha

kleiner feuerfester Topf

1. Den Grill für direkte mittlere Hitze (150–170 °C) vorbereiten. Die Pfanne bei geschlossenem Deckel 8–10 Min. vorheizen.

2. Inzwischen für die Pancakes die flüssige Butter mit Eiern, Milch, Zucker und Salz gründlich verrühren. Mehl und Backpulver in eine Schüssel sieben und mit der Eiermilch zu einem glatten Teig verrühren.

3. Für das Topping Ahornsirup und Butter in den feuerfesten Topf geben und auf dem Grill unter Rühren erhitzen, bis die Butter geschmolzen ist. Beiseitestellen. Die vorgeheizte Pfanne großzügig mit Öl einstreichen, jeweils einen kleinen Schöpflöffel Teig hineingeben und zu einem Pancake von 8 cm Durchmesser formen. In der Pfanne können jeweils 3 Pancakes auf einmal gebacken werden.

4. Die Pancakes mit einigen Heidelbeeren bestreuen und über direkter Hitze bei geschlossenem Deckel 4 bis 5 Min. backen.

5. Danach wenden und bei geschlossenem Deckel in 1–2 Min. fertig backen. Den restlichen Teig genauso zu Pancakes verarbeiten, mit Heidelbeeren bestreuen und in der Pfanne backen.

6. Die fertigen Pancakes übereinanderstapeln und mit dem buttrigen Ahornsirup übergießen. Warm servieren und die übrigen Heidelbeeren dazu reichen.

55

Klassiker und Lieblingsstücke

FLEISCH

Sind ein eingeschworenes Trio:
Camping, Grillen, Fleisch.
Ob Rind-, Schweine- oder Hähnchenfleisch, neben „Keep it simple"
darf es gern auch mal ein
wenig raffinierter sein.

Cowboy Steak mit Café de Paris-Butter

„Cowboy Steaks" sind Rib Eye Steaks mit langem Rippenknochen, man nennt sie auch Tomahawk Steaks. Sie werden aus der Hochrippe geschnitten. In den USA findet man auf den meisten Speisekarten diese „Wildwest-Bezeichnung" der Steaks.

1. Den Grill für direkte starke Hitze (220–240 °C) vorbereiten.

2. Für die Café de Paris-Butter die Schalotte schälen und sehr fein würfeln. Kapernäpfel und Sardelle sehr fein hacken. Den Estragon verlesen, kalt abbrausen, trocken schütteln und die Blättchen sehr fein schneiden.

3. Die Butter in eine große Schüssel geben und mit einem Esslöffel kräftig verrühren. Schalotte, Kapern, Sardelle, Tomatenmark, Senf, Curry- und Paprikapulver unterrühren und mit Meersalz und schwarzem Pfeffer kräftig abschmecken.

4. Die Cowboy Steaks von allen Seiten dünn mit Olivenöl einpinseln und rundherum mit Meersalz würzen. Die Steaks auf den Grillrost legen und bei geschlossenem Deckel 6–8 Min. grillen, dabei einmal wenden.

5. Den Grill für mittlere Hitze (150–160 °C) vorbereiten. Die Steaks auf der Knochenseite aufstellen und aneinanderlehnen. Bei geschlossenem Deckel in 8–10 Min. fertig grillen (Kerntemperatur 52–54 °C).

6. Steaks vom Grill nehmen und rundherum mit schwarzem Pfeffer würzen. Anschließend 8–10 Min. in einer Isolierbox ruhen lassen und warm halten (s. auch Tipp).

VORBEREITUNG
15 Min. zubereiten

GRILLZEIT
ca. 15 Min.

GRILLMETHODE
direkte Hitze

RUHEZEIT
8–10 Min.

FÜR 4 PERSONEN
CAFÉ DE PARIS-BUTTER
1 Schalotte

1 TL Kapernäpfel, abgetropft

1 Sardellenfilet, abgetropft

2 Stängel Estragon

150 g Butter, raumtemperiert

½ TL Tomatenmark

1 TL grobkörniger Senf

½ TL Currypulver

½ TL edelsüßes Paprikapulver

Meersalz

schwarzer Pfeffer aus der Mühle

STEAK
2 Cowboy Steaks (je 800–1000 g und 3–4 cm dick)

1–2 EL Olivenöl

TIPP: Wer die Steaks zu Hause zubereitet, kann sie auch im Backofen bei 50 °C Ober-/Unterhitze warm halten. Solange die Warmhaltetemperatur unterhalb der während der Ruhephase noch ansteigenden Kerntemperatur (56–58 °C) bleibt, garen die Steaks nicht nach, sondern werden nur warm gehalten. Dadurch können sich die Fleischfasern wunderbar entspannen, und die Steaks sind perfekt zart.

Philly **Steak**

Mit der Plancha sorgt ihr beim Grillen von Steaks für eine vollflächige, schöne Kruste. Das originale Philly Steak stammt übrigens aus dem US-Bundesstaat Philadelphia, wo man es in Streifen geschnitten und mit geschmolzenem Käse in ein Sandwich packt.

1. Die Steaks trocken tupfen, auf allen Seiten mit Olivenöl einreiben und gleichmäßig mit Meersalz würzen. Mit Backpapier abgedeckt ca. 15 Min. Raumtemperatur annehmen lassen.

2. Den Grill für direkte mittlere bis starke Hitze (200–220 °C) vorbereiten. Die Plancha bei geschlossenem Deckel 8–10 Min. vorheizen.

3. Für die Pilze und Paprika den Thymian kalt abbrausen, trocken schütteln, die Blättchen gegen die Wuchsrichtung abstreifen und fein hacken. Die Champignons putzen, gegebenenfalls säubern, die Stiele einkürzen und die Pilze halbieren. Die Bratpaprika putzen, kalt abbrausen und trocken tupfen.

4. Die Steaks jeweils mit ihrer Fettseite nach unten auf die Plancha legen und bei geschlossenem Grilldeckel in 3–4 Min. knusprig grillen. Anschließend bei geschlossenem Grilldeckel 6–8 Min. auf den Schnittflächen weitergrillen, dabei einmal wenden (Kerntemperatur 49–52 °C).

5. Nach der Hälfte der Grillzeit die Champignons auf der Plancha verteilen, mit gehacktem Thymian bestreuen und mit Meersalz sowie schwarzem Pfeffer würzen. Den Deckel wieder schließen und weitergrillen. Den Frischkäse mit dem Senf verrühren, mit Meersalz und schwarzem Pfeffer würzen.

6. Butter und Bratpaprika auf der Plancha verteilen und die Paprika bei geschlossenem Deckel 2–3 Min. mitgrillen, dabei gelegentlich wenden. Steaks vom Grill nehmen und 3–5 Min. ruhen lassen. Anschließend das Fleisch mit der Frischkäse-

VORBEREITUNG
10–15 Min. zubereiten
15. Min. marinieren

GRILLZEIT
10–12 Min.

GRILLMETHODE
direkte Hitze

RUHEZEIT
3–5 Min.

FÜR 4 PERSONEN
2 Rumpsteaks mit deutlicher Fettauflage (je 400–500 g und 2,5–3 cm dick)
1–2 EL Olivenöl
Meersalz

PILZE UND PAPRIKA
8 Zweige Thymian
300 g braune Champignons
200 g Brat- oder Grillpaprika (Pimientos de Padrón)
schwarzer Pfeffer aus der Mühle
1–2 EL Butter

SENFCREME
100 g Frischkäse
25 g grobkörniger Senf

ZUBEHÖR
Backpapier
Plancha

Senf-Creme bestreichen, quer zur Faser in 1 cm dicke Scheiben schneiden und die Schnittflächen mit Meersalz sowie schwarzem Pfeffer würzen. Mit den Champignons und der Bratpaprika servieren.

TIPP: Aufgrund ihrer Beschaffenheit speichert die Plancha (spanisch für Platte, Blech, Eisen) sehr gut die Hitze, sodass sie auch häufiges Öffnen des Grilldeckels verzeiht und die Hitze trotzdem nahezu konstant hält.

Teriyaki-Kaffee-Filet mit gegrilltem Kürbis

Die Aromen von Kaffee, Teriyaki-Sauce und schwarzem Pfeffer harmonieren unglaublich gut, ohne aufdringlich zu sein.

1. Den Grill für direkte mittlere bis starke Hitze (180–200 °C) vorbereiten. Das Schweinefilet trocken tupfen und mit 1–2 EL Olivenöl einreiben. Auf den Grillrost legen und bei geschlossenem Deckel 4–6 Min. von allen Seiten angrillen.

2. Inzwischen für das Teriyaki den Knoblauch schälen und sehr fein würfeln. Pfefferkörner und Kaffeebohnen in den Mörser geben und mittelfein mahlen. Knoblauch und Kaffee-Pfeffer in die Teriyaki-Sauce rühren. Das angegrillte Filet vom Grill nehmen und rundherum mit einem Viertel der gewürzten Teriyaki-Sauce einpinseln.

3. Für den Kürbis die Zwiebeln schälen und halbieren. Paprikaschoten putzen, waschen, trocken tupfen, vierteln und entkernen. Kürbis heiß abwaschen, trocken reiben und halbieren. Den Stielansatz entfernen, Kerngehäuse und Fasern mit einem Esslöffel herausschaben. Die Kürbishälften in 1–2 cm breite Spalten schneiden.

4. Zwiebelhälften, Paprikaviertel und Kürbisspalten mit 3 bis 4 EL Olivenöl vermengen und mit Meersalz würzen. Das Gemüse auf dem Grillrost verteilen, das Filet nochmals mit einem Viertel der gewürzten Teriyaki-Sauce einpinseln, auf das Gemüse legen und bei geschlossenem Deckel 6–8 Min. grillen.

5. Die Zutaten wenden, die Paprika vom Grill nehmen und das Filet auf Zwiebeln und Kürbis legen. Das Filet erneut mit einem Viertel der Sauce einpinseln, den Deckel schließen und alles in 6–8 Min. fertig grillen (Kerntemperatur des Filets 58–62 °C). Die Zutaten vom Grill nehmen und das Schweinefilet 3–5 Min. ruhen lassen.

6. Nach Belieben die Haut der Paprika mit einem Küchenmesser abziehen. Das gesamte Gemüse auf die Teller verteilen, das Filet zum letzten Mal mit der Sauce einpinseln, in Scheiben schneiden und auf den Tellern anrichten.

VORBEREITUNG
15–20 Min. zubereiten

GRILLZEIT
ca. 20 Min.

GRILLMETHODE
direkte Hitze

RUHEZEIT
3–5 Min.

FÜR 4 PERSONEN
600 g Schweinefilet, küchenfertig vorbereitet, ohne Fett und Sehnen

1–2 EL Olivenöl

TERIYAKI
2 Knoblauchzehen

½ TL schwarze Pfefferkörner

1 TL Kaffeebohnen

100 ml Teriyaki-Sauce

KÜRBIS
2 Zwiebeln

2 rote Paprikaschoten

1 kleiner Hokkaidokürbis (600–800 g)

3–4 EL Olivenöl

Meersalz

ZUBEHÖR
Mörser

Double Baked **Burger**

Das Finishing hier ist klasse! Der Käse schmilzt perfekt und verbindet sich mit den übrigen Zutaten. Der Fleischsaft des Pattys wird von der Brioche aufgefangen, und die Buns sind außerdem wunderbar warm.

VORBEREITUNG
15–20 Min. zubereiten

GRILLZEIT
ca. 10 Min.

GRILLMETHODE
direkte Hitze

FÜR 4 PERSONEN
½ Bund glatte Petersilie
700 g Rinderhackfleisch (am besten selbst oder vom Metzger frisch gewolft)
Meersalz
schwarzer Pfeffer aus der Mühle
1–2 EL Olivenöl

BELAG
2 Tomaten
4 Gewürzgurken
4 EL BBQ-Sauce
4 EL Mayonnaise
4 Brioche-Buns
8 Scheiben Cheddar

ZUBEHÖR
4 Bogen Backpapier

1. Den Grill für direkte mittlere bis starke Hitze (180–200 °C) vorbereiten. Die Petersilie verlesen, kalt abbrausen, trocken schütteln und die Blätter samt Stielen fein schneiden. Das Rinderhackfleisch mit der Petersilie vermengen und kräftig mit Meersalz sowie schwarzem Pfeffer würzen.

2. Aus der Hackfleischmasse 4 gleich große, 2–3 cm dicke Pattys formen. Die Pattys rundherum mit dem Olivenöl einreiben, auf den Grillrost legen und bei geschlossenem Deckel 6–8 Min. grillen, dabei einmal wenden (Kerntemperatur 56–58 °C).

3. Inzwischen die Tomaten waschen, trocken tupfen und den Stielansatz entfernen. Die Tomaten in 8–12 gleich dicke Scheiben schneiden. Die Gewürzgurken der Länge nach in dünne Scheiben schneiden. Die BBQ-Sauce mit der Mayonnaise verrühren.

4. Zum Zusammensetzen der Burger die Böden der Buns jeweils mit 1 EL BBQ-Mayonnaise bestreichen, dann mit Gurken- und Tomatenscheiben, 1 Scheibe Käse, 1 gegrillten Burger-Patty und 1 weiteren Scheibe Käse belegen.

5. Die Bun-Deckel ebenfalls mit je 1 EL BBQ-Mayonnaise bestreichen und die Burger damit abschließen. Jeden Burger in 1 Bogen Backpapier einschlagen.

6. Die eingepackten Burger auf den Grillrost legen und bei geschlossenem Deckel 3–4 Min. grillen, dabei einmal wenden.

65

Bratwurst-Käse-Hotdog

VORBEREITUNG
10 Min. zubereiten

GRILLZEIT
6–8 Min.

GRILLMETHODE
direkte Hitze

FÜR 4 PERSONEN
PICKLES
1 rote Zwiebel
2 EL Honig
Saft von 1 Zitrone

SAUERKRAUT
150 g mildes Sauerkraut
1–2 EL helles Bier
1 Msp. gemahlener
   Koriander

HOTDOG
4 Gewürzgurken
4 Bratwürste
4 Hotdog-Brötchen
75 g Cheddar-Käsewürfel
4 EL Tomatenketchup
4 EL Senf
schwarzer Pfeffer aus der
   Mühle (nach Belieben)

Ein Evergreen lässt sich immer wieder toll abwandeln, ein Beispiel dafür ist unser Bratwurst-Käse-Hotdog. Mit den Honig-Zwiebel-Pickles zählt er zu den leckeren „Grill-Quickies".

1. Den Grill für direkte mittlere Hitze (160–180 °C) vorbereiten. Für die Pickles die Zwiebel schälen, in feine Scheiben hobeln oder schneiden und mit Honig sowie Zitronensaft mischen.

2. Das Sauerkraut gegebenenfalls (wenn es sehr sauer ist) in einem Sieb kurz unter fließendem kaltem Wasser abspülen, gut ausdrücken und mit dem Bier sowie Koriander vermengen.

3. Die Gewürzgurken in kleine Würfel schneiden. Die Bratwürste auf den Grillrost legen und bei geschlossenem Deckel 6–8 Min. grillen, dabei einmal wenden.

4. Die Brötchen der Länge nach einschneiden. Kurz vor Grillzeitende der Bratwürste 2–3 Min. auf dem Rost bei geschlossenem Deckel anrösten, dabei einmal wenden.

5. Zum Servieren wenig Sauerkraut in die Brötchen füllen. Je 1 gegrillte Bratwurst hineingeben und mit Sauerkraut, Käsewürfeln, Ketchup und Senf belegen.

6. Zum Schluss mit den Honig-Zwiebel-Pickles toppen und nach Belieben mit schwarzem Pfeffer würzen.

Midsommar **Holzfällersteak**

VORBEREITUNG
10–15 Min. zubereiten

15 Min. marinieren

GRILLZEIT
ca. 10 Min.

GRILLMETHODE
direkte Hitze

RUHEZEIT
3–5 Min.

FÜR 4 PERSONEN
4 Schweinenackensteaks
    (je 200–250 g und
    2–2,5 cm dick)
2–3 EL Olivenöl
Meersalz
6 rote Zwiebeln
1 Knoblauchknolle
1–2 EL Butter
schwarzer Pfeffer
    aus der Mühle
4 Eier (M)

ZUBEHÖR
Backpapier
Plancha

Nacken-, Kamm- oder Halskotelett sind hierzulande die gängigen Bezeichnungen für ein Steak, das aus dem Nackenbereich des Schweins geschnitten wird. Achtet auf die Qualität, denn je hochwertiger das Fleisch, umso besser ist das Ergebnis!

1. Die Nackensteaks trocken tupfen, rundherum mit Olivenöl einreiben und auf allen Seiten gleichmäßig mit Meersalz würzen. Mit Backpapier abgedeckt ca. 15 Min. Raumtemperatur annehmen lassen.

2. Den Grill für direkte starke Hitze (220–240 °C) vorbereiten. Die Plancha bei geschlossenem Deckel 8–10 Min. vorheizen.

3. Die Zwiebeln schälen, halbieren und in dünne Spalten schneiden. Die Knoblauchknolle halbieren.

4. Die Steaks auf die Plancha legen und bei geschlossenem Deckel 8–10 Min. grillen, dabei einmal wenden (Kerntemperatur 56–58 °C).

5. Nach dem Wenden der Steaks Zwiebelspalten und Knoblauch mit der Butter auf der Plancha verteilen und bei geschlossenem Deckel mitgrillen.

6. Die Steaks vom Grill nehmen, mit schwarzem Pfeffer würzen und 3–5 Min. ruhen lassen. Die Zwiebeln mit Meersalz und schwarzem Pfeffer würzen. Zum Schluss die Zwiebeln auf eine Seite der Plancha schieben, den Grill ausschalten und die Eier bei geöffnetem Grilldeckel in 2–3 Min. zu Spiegeleiern braten.

TIPP: Steaks so heiß wie die Plancha! Gerade bei durchwachsenen Cuts wie beispielsweise den Nackensteaks ist ein vollflächiges Karamellisieren der Oberfläche durch die starke Hitze ein wahres Geschmackserlebnis.

Currywurst-Schaschlik

Frische Würste mit feinem Brät sind nicht ganz einfach in der Zubereitung. Bei zu starker Hitze platzen sie auf oder verbrennen. Deshalb solltet ihr die frischen Würste in 70–80 °C heißem Wasser je nach Sorte und Größe 8–10 Minuten pochieren. So macht ihr frische Bratwürste übrigens auch haltbarer für unterwegs.

1. Den Grill für direkte mittlere bis starke Hitze (180 bis 200 °C) vorbereiten. Die Pfanne bei geschlossenem Deckel 8–10 Min. vorheizen.

2. Die Bratwürste in fingerdicke Stücke schneiden. Die Zwiebel(n) schälen und vierteln. Die Paprika putzen, waschen, trocken tupfen, halbieren, entkernen und in 1–2 cm große Stücke schneiden.

3. Zwiebelviertel, Paprika- und Wurststücke abwechselnd auf die Spieße stecken und dünn mit Öl einpinseln.

4. Die Spieße auf den Grillrost legen und die Zutaten bei geschlossenem Deckel 6–8 Min. grillen, dabei die Spieße gelegentlich wenden.

5. Für die Sauce zeitgleich die stückigen Tomaten und den Bratenfond in die vorgeheizte Pfanne geben, über direkter Hitze aufkochen und mit Meersalz und Chiliflocken würzen.

6. Zum Servieren die Spieße auf Teller verteilen, mit der Tomatensauce übergießen und Currypulver darüberstreuen.

TIPP: Wer besonders knusprige Würstchen mag, kann die Wurststücke 1–2 Minuten vor Grillzeitende dünn mit Ahornsirup bestreichen. Diese Art der Zubereitung eignet sich vor allem für helle Würste.

VORBEREITUNG
10 Min. zubereiten

GRILLZEIT
6–8 Min.

GRILLMETHODE
direkte Hitze

FÜR 4 PERSONEN
4 feine Bratwürste

1–2 rote Zwiebeln

1–2 rote Spitzpaprikas

1 EL Rapsöl

SAUCE
1 Dose stückige Tomaten mit Kräutern (400 g)

150 ml Bratenfond

Meersalz

Chiliflocken

Currypulver

ZUBEHÖR
gusseiserne Grillpfanne

4 Holz- oder Bambusspieße (ca. 25 cm lang und mind. 30 Min. gewässert)

Tequila-Chicken-Wings-Spieße

Tequila wird in Mexiko aus der blauen Weber-Agave hergestellt. Der Agaven-Brand sorgt in diesem Rezept für den besonderen Geschmack.

1. Den Grill für direkte mittlere Hitze (160–180 °C) vorbereiten. Die Hähnchenflügel von allen Seiten mit Sonnenblumenöl einreiben und kräftig mit Meersalz würzen. Die Zitronen der Länge nach vierteln.

2. Die Hähnchenflügel so auf die Doppelspieße stecken, dass sie gut fixiert sind und nicht verrutschen oder „durchdrehen". Die Spieße auf den Grillrost legen und die Hähnchenflügel bei geschlossenem Deckel 8–10 Min. grillen, dabei einmal wenden.

3. Inzwischen für die Glasur den Knoblauch schälen und sehr fein würfeln. Tequila mit Rohrzucker, Agavendicksaft und Sojasauce in einer Schüssel so lange verrühren, bis sich der Zucker vollständig aufgelöst hat. Danach den Knoblauch unterrühren.

4. Nach Ende der ersten Grillzeit die Hähnchenflügel mit Glasur einpinseln, den Deckel wieder schließen und nach 5 bis 8 Min. erneut einpinseln. Danach wenden, wieder mit Glasur einpinseln, den Deckel schließen und nach 5–8 Min. ein letztes Mal einpinseln. Weitergrillen, bis die Chicken Wings eine Kerntemperatur von 76–78 °C erreicht haben.

5. Währenddessen die Zitronenviertel auf den Grillrost legen und bei geschlossenem Deckel jeweils auf beiden Schnittflächen 3–5 Min. angrillen.

6. Zum Servieren je 1 gegrilltes Zitronenviertel über 1 Spieß ausdrücken und die übrigen Zitronenviertel dazu reichen.

VORBEREITUNG
10 Min. zubereiten

GRILLZEIT
25–30 Min.

GRILLMETHODE
direkte Hitze

FÜR 4 PERSONEN
1 kg Hähnchenflügel
1–2 EL Sonnenblumenöl
Meersalz
2 Zitronen

GLASUR
4 Knoblauchzehen
4 cl Tequila
2 EL brauner Rohrzucker
2 EL Agavendicksaft
2 EL Sojasauce

ZUBEHÖR
4 Doppelspieße
(ca. 30 cm lang)

TIPP: Zu Beginn werden die Hähnchenflügel ohne Glasur gegrillt, denn das sorgt dafür, dass nicht nur die Chicken Wings knusprig und kross werden, sondern auch die Glasur mit ihrem hohen Zuckeranteil während der verhältnismäßig langen Grillzeit nicht verbrennt.

Butterfly **Drumsticks**

Die Hähnchenunterschenkel mit dem „Auf-
klappschnitt" zum Grillen vorzubereiten
ist sinnvoll: Das Fleisch kann durch die größere Oberfläche mehr Würzmischung aufneh-
men und die Grillzeit wird um rund ein Drittel
verkürzt.

VORBEREITUNG
20–25 Min. zubereiten

GRILLZEIT
15–25 Min.

GRILLMETHODE
direkte Hitze

RUHEZEIT
2–3 Min.

FÜR 4 PERSONEN
WÜRZMISCHUNG
1 TL Korianderkörner

2 EL edelsüßes
Paprikapulver

1 TL rosenscharfes
Paprikapulver

1 TL Zwiebelpulver

2 EL Meersalz

1 TL brauner Rohrzucker

1 kg Hähnchenunter-
schenkel

4 EL Olivenöl

ZUBEHÖR
Mörser

TIPP: Wer beim Campen einen Kühlschrank nutzen kann, sollte die mit der Würzmischung bestreuten Drumsticks abdecken und über Nacht im Kühlschrank marinieren. Das erhöht den „Yummy Factor".

1. Den Grill für direkte mittlere bis starke Hitze (200–220 °C) vorbereiten. Für die Würzmischung Gewürze und Zucker in den Mörser geben und sehr fein mahlen.

2. Die Hähnchenunterschenkel am schmalen Ende rundherum einschneiden, dann den Knorpel abschneiden und dabei überschüssige Sehnen ebenfalls entfernen. Das Fleisch an einer Seite entlang des Knochens einschneiden, sodass dieser durchgängig zu sehen ist.

3. Den Knochen freilegen und in kleinen Schnitten links und rechts das Fleisch ein-, aber nicht durchschneiden. Anschließend das Hähnchenfleisch nach und nach auffächern. Fortfahren, bis alle Drumsticks auf diese Weise vorbereitet sind.

4. Ein großes Blech mit dem Olivenöl einpinseln und die aufgefächerten Hähnchenschenkel mit der Hautseite nach unten nebeneinander auf das Blech legen. Die Fleischseite der Drumsticks mit der Hälfte der Würzmischung bestreuen.

5. Die Butterfly Drumsticks jeweils mit der Hautseite nach unten auf den Grillrost legen und bei geschlossenem Deckel 10–15 Min. grillen. Danach wenden, die Hautseiten mit der restlichen Würzmischung bestreuen und die Drumsticks bei geschlossenem Deckel in 5–10 Min. fertig grillen.

6. Die Butterfly Drumsticks vom Grill nehmen und 2–3 Min. ruhen lassen.

75

Chicken Mojito

Freut euch auf einen großartigen Genuss-moment am Grill – herzhaft, aromatisch und knusprig. Mit unseren Chicken Mojito holt ihr kubanisches Flair in eure Camper-Küche.

1. Den Grill für direkte mittlere bis starke Hitze (180–200 °C) vorbereiten. Die Hähnchen der Länge nach halbieren. Dafür das Hähnchen auf die Brustseite legen, mit einer Schere links und rechts neben dem Rückgrat entlangschneiden und das Rückgrat entfernen. Überschüssiges Fett ebenso entfernen.

2. Die halbierten Hähnchen rundherum mit Olivenöl ein-reiben, mit der Hautseite nach unten auf den Grillrost legen und bei geschlossenem Deckel 10–15 Min. grillen.

3. Inzwischen die Minze verlesen, kalt abbrausen und tro-cken schütteln. Blätter von den Stielen zupfen und sehr fein schneiden. Die Schale der Limetten abreiben, dann die Früchte in Scheiben schneiden. Rohrzucker und Meersalz mischen.

4. Die Hähnchen mit einem Drittel der Rohrzucker-Meersalz-Mischung, einem Drittel Limettenabrieb sowie einem Drittel der fein geschnittenen Minze bestreuen und bei geschlosse-nem Deckel weitere 8–10 Min. grillen.

5. Danach die Hähnchenhälften wenden, mit dem Rum einpinseln und mit den restlichen Zutaten bestreuen. Die Chicken Mojito bei geschlossenem Deckel in 12–15 Min. fertig grillen (Kerntemperatur 76–80 °C). Die fertigen Hähnchen vom Grill nehmen und 3–5 Min. ruhen lassen

6. Die Limettenscheiben auf den Grillrost legen und bei ge-schlossenem Deckel 3–5 Min. grillen, dabei einmal wenden. Zum Servieren die gegrillten Limettenscheiben über den Chicken Mojito leicht ausdrücken und dazu reichen.

VORBEREITUNG
10–15 Min. zubereiten

GRILLZEIT
35–40 Min.

GRILLMETHODE
direkte Hitze

RUHEZEIT
3–5 Min.

FÜR 4 PERSONEN
2 Maishähnchen
(je 800–1000 g),
küchenfertig
vorbereitet

1–2 EL Olivenöl

½ Bund Minze

2 Bio-Limetten

3 EL brauner Rohrzucker

1 TL Meersalz

2 cl weißer Rum

TIPP: Wer ein Grillevent à la Buena Vista Social Night plant, sollte natürlich auch noch für flüssige Mojitos und entsprechende Musik sorgen. ¡Arriba!

Crispy Golden **Nuggets**

VORBEREITUNG
10 Min. zubereiten

GRILLZEIT
8–10 Min.

GRILLMETHODE
direkte Hitze

FÜR 4 PERSONEN
600 g Geflügelhackfleisch

2 Knoblauchzehen

1 walnussgroßes Stück
    Ingwer

1 EL gelbe Currypaste

Meersalz

(Panko-)Brösel
    zum Wälzen

3–4 EL Rapsöl

OPTIONAL
Asia-Gurkensalat (s. Tipp)

ZUBEHÖR
gusseiserne Grillpfanne

Kennt ihr Switchel? Dieses gesunde Getränk könnt ihr mit 1 Liter eiskaltem oder heißem Wasser, mit 35 ml Apfelessig und nach Belieben mit 1 TL fein geriebenem Ingwer zubereiten. Wer es süßer mag, kann auch noch 2–3 EL Honig dazugeben. Ideal für unterwegs!

1. Den Grill für direkte mittlere bis starke Hitze (180–200 °C) vorbereiten.

2. Die gusseiserne Pfanne bei geschlossenem Deckel 8 bis 10 Min. vorheizen.

3. Das Hackfleisch in eine große Schüssel geben. Knoblauchzehen und Ingwer schälen und fein würfeln.

4. Knoblauch und Ingwer zusammen mit der Currypaste zum Hackfleisch geben, das Hackfleisch mit Meersalz würzen und kräftig durchkneten.

5. Die Hackfleischmasse mit einem Esslöffel portionsweise abstechen, jede Portion direkt in den Bröseln wälzen und zu Nuggets formen.

6. Das Öl in die vorgeheizte Pfanne gießen und darin die Nuggets bei geschlossenem Deckel in 8–10 Min. goldbraun braten, dabei einmal wenden (Kerntemperatur 78–84 °C).

TIPP: Für den Salat 1 geputzte Bio-Gurke der Länge nach halbieren, entkernen und in Scheiben schneiden. Mit 2–3 EL Sojasauce sowie 1–2 EL Essig vermengen und mit schwarzem Pfeffer aus der Mühle würzen. Wer mag, kann die Gurkenscheiben noch mit 1–2 EL weißen und schwarzen Sesamsamen sowie einigen Blättchen Thai-Basilikum toppen.

Schnelles **Bierhuhn**

Das Fleisch von Maispoularden ist sehr aromatisch und schmeckt gegrillt am besten. Suprême nennt man das Brustfleisch, wenn es wie in diesem Rezept mit Knochen und Haut zugeschnitten wird.

1. Den Grill für direkte mittlere bis starke Hitze (180–200 °C) vorbereiten. Die Pfanne bei geschlossenem Deckel 8–10 Min. vorheizen.

2. Die Hähnchenbrüste rundherum mit Olivenöl einreiben, mit Meersalz sowie schwarzem Pfeffer würzen und abgedeckt ca. 10 Minuten Raumtemperatur annehmen lassen.

3. Inzwischen die Pilze putzen und gegebenenfalls säubern. Knoblauch und Zwiebeln schälen und in Spalten schneiden. Die Petersilie verlesen, kalt abbrausen, trocken schütteln und die Blätter samt Stielen fein schneiden.

4. Die Hähnchenbrüste mit der Hautseite nach unten auf den Grillrost legen und bei geschlossenem Deckel 5–6 Min. grillen.

5. Das Rapsöl in die vorgeheizte Pfanne gießen, die Pilze zusammen mit Knoblauch- und Zwiebelspalten hineingeben und bei geschlossenem Deckel 4–5 Min. grillen, dabei gelegentlich wenden.

6. Die Hähnchenbrüste wenden und in die Pilzpfanne geben. Mit Sojasauce und Bier ablöschen und bei geschlossenem Deckel 5–6 Min. weitergrillen (Kerntemperatur der Hähnchenbrüste 72–76 °C). Mit Meersalz und schwarzem Pfeffer würzen. Die Pfanne vom Grill nehmen. Die Hähnchenbrüste in der Pfanne 3–5 Min. ruhen lassen und die Pilze mit der fein geschnittenen Petersilie verfeinern.

TIPP: Gusseiserne Tools sind immer zu empfehlen, vor allem aber im Winter. Sie leiten die Hitze sehr gut und speichern sie. Gerade wenn man während des Grillens den Deckel häufiger öffnen muss, hat man kaum Temperaturverluste.

VORBEREITUNG
10–15 Min. zubereiten

10 Min. marinieren

GRILLZEIT
10–12 Min.

GRILLMETHODE
direkte Hitze

RUHEZEIT
3–5 Min.

FÜR 4 PERSONEN
4 Maishähnchenbrüste
   mit Knochen und Haut
   (je ca. 250 g)

2–3 EL Olivenöl

Meersalz

schwarzer Pfeffer
   aus der Mühle

2 EL Sojasauce

150 ml Schwarzbier

PILZE
400 g kleine weiße
   Champignons

4 Knoblauchzehen

4 rote Zwiebeln

½ Bund glatte Petersilie

2–3 EL Rapsöl

ZUBEHÖR
gusseiserne Grillpfanne

Lust auf „Meer"

FISCH UND MEERESFRÜCHTE

Ganze Fische oder Filets, Köstlichkeiten wie Jakobsmuscheln oder ruck, zuck gegrillte Garnelen – Fische und Meeresfrüchte bereichern mit ihrer Vielseitigkeit das Camping-Grillvergnügen.

Fish Split Salad

Hier kommen knackiger Rucola, knusprige Kerne und Samen sowie saftige Fischfilets zusammen. Sollte der Fisch wider Erwarten am Rost kleben bleiben oder brechen, bleibt bitte ganz entspannt, denn die Filets werden am Ende ohnehin klein gezupft.

1. Den Grill für direkte mittlere bis starke Hitze (200–220 °C) vorbereiten. Die Lachsfilets unter fließendem kaltem Wasser abspülen und gründlich trocken tupfen.

2. Die Filets dünn mit 2–3 EL Olivenöl einreiben und die Fleischseite mit Meersalz würzen. Die Filets mit der Hautseite nach unten auf den Grillrost legen und bei geschlossenem Deckel 6–8 Min. grillen. Den Honig mit dem Senf verrühren.

3. Die Fischfilets wenden, auf dem Rost umplatzieren und bei geschlossenem Deckel in 4–6 Min. fertig grillen (Kerntemperatur 58–64 °C). Vom Grill nehmen und 3–5 Min. ruhen lassen. Anschließend mit dem Honig-Senf bestreichen und mit Hanfsamen bestreuen.

4. Für den Salat den Rucola verlesen, waschen, trocken schleudern und in eine Schüssel geben. Aceto balsamico, 25 ml Olivenöl, geröstete Nüsse, Samen, Kerne und den gehobelten Parmesan zugeben.

5. Die Salatzutaten gleichmäßig vermengen und kräftig mit Meersalz und schwarzem Pfeffer würzen.

6. Zum Servieren den Salat auf die Teller verteilen. Die Fischfilets von der Haut zupfen und auf dem Salat anrichten.

VORBEREITUNG
20 Min. zubereiten

GRILLZEIT
10–15 Min.

GRILLMETHODE
direkte Hitze

RUHEZEIT
3–5 Min.

FÜR 4 PERSONEN
4 Lachsfilets mit Haut (je 200 g und 2–3 cm dick), küchenfertig vorbereitet, ohne Gräten

2–3 EL Olivenöl

Meersalz

1 EL Honig

1 EL grobkörniger Senf

4 EL Hanfsamen

SALAT
120 g Rucola

4 EL Aceto balsamico

25 ml Olivenöl

8 EL Nusskerne, Samen und Kerne (z. B. Macadamianüsse, Cashewkerne, Flohsamenschalen, Sonnenblumenkerne), geröstet

4 EL gehobelter Parmesan

schwarzer Pfeffer aus der Mühle

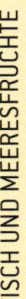

TIPP: Damit Fischfilets nicht am Rost kleben bleiben, sollte der Grill gründlich vorgeheizt, der Fisch trocken getupft, leicht eingeölt und zuerst mit der Hautseite nach unten gegrillt werden. Sobald die Haut karamellisiert ist, also ein deutliches Grillmuster hat, löst sich der Fisch wie von allein. Danach wenden, umplatzieren und fertig grillen.

Wonder Cedar

Das Räucherbrett ist ein wahrer Alleskönner, gerade auch bei der Zubereitung und beim Handling auf kleinen Grills. Es garantiert eine wunderbare begleitende Holznote, egal ob mild oder rauchig, eignet sich hervorragend zum indirekten Grillen und kann je nach Grillverhalten und Einsatzzeiten viele Male verwendet werden.

1. Den Grill für direkte mittlere bis starke Hitze (180–200 °C) vorbereiten. Die Kartoffeln gründlich waschen und trocknen. Auf dem Grillrost bei geschlossenem Deckel in 50–55 Min. weich grillen, dabei gelegentlich wenden.

2. Das Räucherbrett ebenfalls auf den Grillrost legen und bei geschlossenem Deckel 8–10 Min. ankohlen. Sobald es zu knacken beginnt, vom Grill nehmen, wenden und auskühlen lassen.

3. Die Lachsfilets mit Meersalz und schwarzem Pfeffer würzen. Für den Paprikamix den Kerbel verlesen, kalt abbrausen, trocken schütteln und die Blättchen samt Stielen fein schneiden. Paprika und Peperoni putzen, waschen, trocken tupfen, entkernen und sehr fein würfeln. Die Knoblauchzehe schälen und ebenfalls sehr fein würfeln.

4. In einer Schüssel Paprika-, Peperoni- und Knoblauchwürfel mit Kerbel, Abrieb und Saft der Limette und dem Olivenöl verrühren. Mit Meersalz und schwarzem Pfeffer würzen.

5. Die fertigen Kartoffeln vom Grill nehmen, kurz auskühlen lassen und schälen. Danach mit einer Gabel grob zerdrücken.

6. Den Kartoffelstampf mit der Butter verrühren und mit Muskatnuss, Meersalz sowie schwarzem Pfeffer würzen. Den Stampf auf das Räucherbrett streichen, die Lachsfilets darauf verteilen und bei geschlossenem Deckel 15–20 Min. grillen (Kerntemperatur 58–64 °C). Zum Servieren mit dem marinierten Paprikamix toppen.

VORBEREITUNG
15–20 Min. zubereiten

GRILLZEIT
1 Std. 20 Min.

GRILLMETHODE
direkte Hitze

FÜR 4 PERSONEN
KARTOFFELSTAMPF
800 g große mehlig-
   kochende Kartoffeln

75 g Butter

frisch geriebene
   Muskatnuss

FISCH
4 Lachsfilets ohne Haut
   (je ca. 200 g), küchenfertig vorbereitet, ohne
   Gräten

Meersalz

schwarzer Pfeffer
   aus der Mühle

PAPRIKAMIX
1 Bund Kerbel

1 grüne Paprikaschote

1 grüne Peperoni

1 Knoblauchzehe

Abrieb und Saft von
   1 Bio-Limette

35 ml Olivenöl

ZUBEHÖR
Räucherbrett aus Zedern-
   holz (mind. 1 Std.
   gewässert)

Garnelenspieße „Fresh Ginger Style"

VORBEREITUNG
10–15 Min. zubereiten

GRILLZEIT
5–8 Min.

GRILLMETHODE
direkte Hitze

FÜR 4 PERSONEN

2–3 Bio-Zitronen

1 walnussgroßes Stück
Ingwer

1 EL eingelegter Ingwer
(Gari/Sushi-Ingwer)

5 Knoblauchzehen

1 gelbe Peperoni

4 Zweige Minze

25 ml Olivenöl

12 rohe Riesengarnelen
(Größe 8/12; s. Tipp),
küchenfertig vorbe-
reitet, ohne Kopf und
Schale, Darm entfernt

Meersalz

ZUBEHÖR

4 Bambusspieße
(ca. 25 cm lang
und mind. 30 Min.
gewässert)

Knoblauchgarnelen schmecken gegrillt einfach klasse. Mit eingelegtem Ingwer und frischer Minze werden sie besonders gut.

1. Den Grill für direkte mittlere bis starke Hitze (200–220 °C) vorbereiten. Die Schale von 1 Zitrone abreiben, den Saft aus-pressen und beides in eine Schüssel geben. Die restlichen Zitronen in dünne Scheiben schneiden.

2. Den Ingwer schälen und sehr fein würfeln. Den eingelegten Ingwer abtropfen lassen und ebenfalls sehr fein schneiden. Den Knoblauch schälen und fein würfeln. Die Peperoni putzen, waschen, trocken tupfen, entkernen und fein würfeln.

3. Die Minze verlesen, kalt abbrausen, trocken schütteln und die Blätter samt Stielen sehr fein schneiden.

4. Für das Garnelen-Topping beide Ingwersorten, Knoblauch, Minze und Peperoni zur Zitrone in die Schüssel geben und die Zutaten mit dem Olivenöl verrühren. Die Garnelen mit einem Drittel des Toppings vermengen.

5. Die Garnelen abwechselnd mit den Zitronenscheiben auf die Spieße stecken.

6. Spieße auf den Grillrost legen und bei geschlossenem Deckel 5–8 Min. grillen, dabei einmal wenden. Zum Servieren mit Meersalz würzen und mit dem übrigen Topping verfeinern.

TIPP: Holt euch ordentlich große Garnelen! Die lassen sich viel besser grillen, fallen nicht vom Spieß und werden nicht so schnell trocken. Achtet darauf, dass sie nachhaltig produziert wurden. Die Größenangabe 8/12 bedeutet, dass ein Kilogramm der Meeres-früchte aus 8–12 Garnelen (mit Kopf und Schale) besteht.

Kräuterforellen

Auch andere Fische wie etwa Dorade, Wolfs-
barsch, Saibling oder Scholle eignen sich
besonders gut für diese Zubereitungsart.
Achtet dabei auf Größe und Gewicht und
passt gegebenenfalls die Grillzeit an.

VORBEREITUNG
10–15 Min. zubereiten

GRILLZEIT
ca. 20 Min.

GRILLMETHODE
direkte Hitze

FÜR 4 PERSONEN
1 Bund glatte Petersilie

2 Forellen (je 600–800 g),
   küchenfertig vorbereitet

1 Bio-Zitrone

40 g mediterrane Kräuter
   (z. B. Lorbeerblätter,
   Rosmarin, Thymian)

Meersalz

SALAT
400 g festkochende
   Kartoffeln

2 rote Zwiebeln

120 g Feldsalat

3–4 EL Öl

schwarzer Pfeffer
   aus der Mühle

2–3 EL Aceto balsamico

3–4 EL Kürbiskernöl

ZUBEHÖR
Plancha

1. Den Grill für direkte mittlere bis starke Hitze (200–220 °C) vorbereiten. Die Plancha bei geschlossenem Deckel 8–10 Min. vorheizen. Die Petersilie verlesen, kalt abbrausen und trocken schütteln. Die Hälfte der Petersilie sehr fein schneiden und beiseitelegen.

2. Die Forellen unter fließendem kaltem Wasser abspülen und trocken tupfen. Die Fische auf beiden Seiten im Rückenbereich im gleichen Abstand 2–3 cm schräg einschneiden. Die Zitrone in Scheiben schneiden. Die Kräuter verlesen, kalt abbrausen und trocken schütteln. Die Forellen innen und außen mit Meersalz würzen. Den Bauchraum der Fische mit Zitronenscheiben sowie den Kräutern samt den ganzen Petersilienstängeln füllen.

3. Für den Salat Kartoffeln waschen, trocken reiben und in sehr feine Scheiben schneiden oder hobeln. Die Zwiebeln schälen und fein würfeln. Den Feldsalat verlesen, waschen und trocken schleudern.

4. Das Öl auf die vorgeheizte Plancha gießen, die Kartoffelscheiben darauf verteilen und mit Meersalz sowie schwarzem Pfeffer würzen. Bei geschlossenem Deckel 6–8 Min. grillen, dabei gelegentlich wenden. Nach der Hälfte der Grillzeit die Zwiebelwürfel hinzufügen und mitgrillen.

5. Kartoffeln in eine Schüssel geben und lauwarm abkühlen lassen. Forellen nebeneinander, aber entgegengesetzt auflegen und bei geschlossenem Deckel 12–15 Min. grillen (Kerntemperatur 58–64 °C), dabei einmal wenden, mit schwarzem Pfeffer würzen und mit der fein geschnittenen Petersilie bestreuen.

6. Den Feldsalat zu den Kartoffeln geben, die Zutaten mit Aceto balsamico sowie Kürbiskernöl vermengen, mit Meersalz und schwarzem Pfeffer würzen und zu den Forellen servieren.

Jakobsmuscheln „Clams Casino Style"

Ihr könnt die Jakobsmuscheln ohne Risiko über starker Hitze grillen, damit sie eine schöne Kruste bekommen.

VORBEREITUNG
20 Min. zubereiten

GRILLZEIT
25–30 Min.

GRILLMETHODE
direkte und indirekte Hitze

FÜR 4 PERSONEN
8 ausgelöste Jakobs-
  muscheln
3–4 EL Öl

BROKKOLI
300 g wilder Brokkoli
  (Stängelkohl/
  Cima di rapa)
1–2 EL Olivenöl
Meersalz

PAPRIKA-SPECK
5 Schalotten
½ Bund glatte Petersilie
1 rote Paprikaschote
1 rote Peperoni
35 g Speckwürfel
35 g Butter
schwarzer Pfeffer
  aus der Mühle

ZUBEHÖR
gusseiserne Grillpfanne
4 gewölbte (untere)
  Jakobsmuschelschalen

1. Den Grill für direkte und indirekte sehr starke Hitze (250–290 °C) vorbereiten. Die Pfanne über direkter Hitze bei geschlossenem Deckel 10–12 Min. vorheizen. Die Jakobsmuscheln kalt abbrausen, gründlich trocken tupfen und jeweils den festen Muskel entfernen.

2. Den Brokkoli putzen, kalt abbrausen, trocken schütteln und von den Strünken ca. 1 cm schräg abschneiden. Für den Paprika-Speck die Schalotten schälen und vierteln. Die Petersilie verlesen, kalt abbrausen, trocken schütteln und sehr fein schneiden.

3. Paprika und Peperoni längs halbieren, entkernen, waschen, trocken tupfen und fein würfeln. Brokkoli mit Olivenöl einreiben und mit Meersalz würzen.

4. Den Brokkoli in der indirekten Zone bei geschlossenem Deckel 3–5 Min. grillen. In einer mit Frischhaltefolie abgedeckten Schüssel warm halten.

5. Das Öl in die Pfanne gießen und darin die Jakobsmuscheln bei geschlossenem Deckel 2–3 Min. anbraten, dabei einmal wenden. Aus der Pfanne nehmen und die Grilltemperatur auf mittlere bis starke Hitze (180–220 °C) reduzieren.

6. Die Speckwürfel mit Butter, Schalotten, Paprika- und Peperoniwürfel sowie der Petersilie in die Pfanne geben und bei geschlossenem Deckel 3–5 Min. grillen. Salzen, pfeffern und die Pfanne vom Grill nehmen. Zum Servieren den Brokkoli und je 2 Muscheln in den Muschelschalen verteilen und mit dem Paprika-Speck toppen. Die Schalen in der indirekten Zone platzieren und die Jakobsmuscheln bei geschlossenem Deckel in 3–5 Min. fertig grillen.

93

Lachs mit Grillpaprika und Kartoffelchips

VORBEREITUNG
10–15 Min. zubereiten

GRILLZEIT
8–10 Min.

GRILLMETHODE
direkte Hitze

RUHEZEIT
3–5 Min.

FÜR 4 PERSONEN
KARTOFFELN
600–700 g kleine fest-
    kochende Kartoffeln

1–2 Tomaten

200 g Brat- oder Grill-
    paprika (Pimientos
    de Padrón)

2–3 EL Rapsöl

einige Blättchen Basilikum
    (nach Belieben)

FISCH
4 Lachsfilets mit Haut
    (je 160–180 g),
    küchenfertig vorbe-
    reitet, ohne Gräten

2–3 EL Olivenöl

Meersalz

schwarzer Pfeffer
    aus der Mühle

ZUBEHÖR
gusseiserne Grillpfanne

Lachs, der Allrounder auf dem Grill, punktet nicht nur durch seine vielseitigen Zubereitungsmöglichkeiten, sondern auch durch zahlreiche Vitamine und Mineralstoffe sowie lebenswichtige Omega-3-Fettsäuren.

1. Den Grill für direkte mittlere bis starke Hitze (180–200 ºC) vorbereiten. Die Pfanne bei geschlossenem Deckel 8–10 Min. vorheizen.

2. Kartoffeln waschen, trocken reiben und in dünne Scheiben schneiden oder hobeln. Die Tomate(n) waschen, trocken tupfen, halbieren, den Stielansatz entfernen und die Tomatenhälften klein würfeln. Bratpaprika putzen, kalt abbrausen und trocken tupfen.

3. Die Lachsfilets rundherum dünn mit Olivenöl einreiben und mit Meersalz und schwarzem Pfeffer würzen.

4. Das Rapsöl in die vorgeheizte Pfanne gießen, die Kartoffelscheiben hineingeben und bei geschlossenem Deckel 4–5 Min. grillen, dabei gelegentlich wenden.

5. Die Fischfilets mit der Fleischseite nach unten auf den Grillrost legen und bei geschlossenem Deckel 6–8 Min. grillen, dabei einmal wenden (Kerntemperatur 58–64 ºC). Vom Grill nehmen und 3–5 Min. ruhen lassen.

6. Tomatenwürfel und Bratpaprika zu den Kartoffeln geben und bei geschlossenem Deckel weitere 4–5 Min. grillen. Mit Meersalz und schwarzem Pfeffer würzen und nach Belieben mit Basilikum bestreut servieren.

TIPP: Und dazu noch einen blitzschnellen Salat? Na klar! Einfach 80 g verlesenen Feldsalat mit 2 gewürfelten Tomaten, 40 g gehobeltem Parmesan, ein paar frischen Kräutern (z. B. Dill oder Basilikum) vermengen und den Salat mit 3–4 EL Olivenöl, 1 TL Honig sowie dem Saft von 1 Limette anmachen. Mit Meersalz und schwarzem Pfeffer aus der Mühle würzen. Fertig!

Chorizo-Garnelen-Pfanne

Scampi und Garnelen sind nicht das Gleiche. Der in Italien Scampo und in Frankreich Langoustine genannte Kaisergranat zählt mit seinen Scheren zu den Hummerarten. Garnelen besitzen Fühler, aber keine Scheren, und gehören zu den Krebsarten. Auch geschmacklich unterscheiden sie sich: Scampi haben nach dem Grillen oder Braten ein fein-nussiges Aroma und erinnern in ihrer Konsistenz an Marzipan, Garnelen sind fest und knackig und schmecken leicht süßlich mit einem Hauch von Mineralität.

1. Den Grill für direkte starke Hitze (220–240 °C) vorbereiten. Die Pfanne bei geschlossenem Deckel 8–10 Min. vorheizen.

2. Die Chorizos pellen und das Wurstbrät klein zupfen. Die Zwiebel schälen, halbieren und in dünne Spalten schneiden.

3. Die Zesten der Zitrone vorbereiten. Dazu die Zitrone heiß abwaschen, trocken reiben, schälen und die Schale in Streifen schneiden.

4. Das Öl in die vorgeheizte Pfanne gießen und die Garnelen zusammen mit Chorizobrät, Zwiebeln, Zitronenzesten und Kräutern hineingeben.

5. Den Deckel schließen und die Zutaten 6–8 Min. grillen, dabei einmal wenden.

6. Danach kräftig mit Meersalz und schwarzem Pfeffer würzen und die Zutaten bei geschlossenem Deckel weitere 4–5 Min. grillen.

TIPP: Die Größenangabe 8/12 bedeutet, dass in einem Kilogramm 24–27 Garnelenschwänze Easy Peel sind, die für dieses Rezept verwendet werden.

VORBEREITUNG
10–15 Min. zubereiten

GRILLZEIT
8–10 Min.

GRILLMETHODE
direkte Hitze

FÜR 4 PERSONEN
4 Chorizos (je ca. 80 g)

1 rote Zwiebel

1 Bio-Zitrone

1 kg Black Tiger Garnelen ohne Kopf, mit Schale (Größe 8/12; s. Tipp), geputzt, Darm entfernt (Easy Peel)

3–4 EL Olivenöl

3–4 Zweige mediterrane Kräuter (z. B. Rosmarin, Salbei, Thymian, Lorbeer)

Meersalz

schwarzer Pfeffer aus der Mühle

ZUBEHÖR
gusseiserne Grillpfanne

Schlemmerfilet de luxe

VORBEREITUNG
20 Min. zubereiten

GRILLZEIT
13–15 Min.

GRILLMETHODE
direkte Hitze

FÜR 4 PERSONEN
1 Lachsforellenfilet mit
   Haut (600–700 g und
   1–2 cm dick), küchen-
   fertig vorbereitet, ohne
   Gräten

Meersalz

schwarzer Pfeffer
   aus der Mühle

KRUSTE
1 Bund glatte Petersilie

1 Frühlingszwiebel

25 g geriebener Käse
   (s. Tipp)

25 g Semmelbrösel

1 Bio-Eigelb (M)

ZUBEHÖR
Räucherbrett aus Zedern-
   holz (mind. 1 Std.
   gewässert)

(Lachs-)Forellen zählen zu den beliebtesten Speisefischen in Deutschland. Am besten schmeckt ihr festes Fleisch, wenn ihr sie frisch und mit Haut kauft. Ein generelles Frischemerkmal ist, wenn das Fischfleisch unter Spannung steht. Dann solltet ihr die Haut vor der Zubereitung im Abstand von 1 cm einschneiden, dabei aber darauf achten, dass ihr das Filet nicht durchschneidet.

1. Den Grill für direkte mittlere bis starke Hitze (180–200 °C) vorbereiten.

2. Das Fischfilet mit der Hautseite nach unten auf das Räucherbrett legen und mit Meersalz sowie schwarzem Pfeffer würzen.

3. Für die Kruste die Petersilie verlesen, kalt abbrausen, trocken schütteln und die Blätter samt Stielen fein schneiden. Die Frühlingszwiebel putzen, waschen, trocken tupfen und in feine Ringe schneiden.

4. Petersilie und Frühlingszwiebel mit dem Käse und den Semmelbröseln in eine große Schüssel geben und die Zutaten mit dem Eigelb vermengen. Mit Meersalz und schwarzem Pfeffer würzen.

5. Die Kruste gleichmäßig auf das Filet streuen.

6. Das Fischfilet auf dem Räucherbrett über direkter Hitze bei geschlossenem Deckel 13–15 Min. grillen (Kerntemperatur 56–58 °C).

TIPP: Als Käse eignet sich Raclettekäse, Emmentaler oder Cheddar.

Farbenfrohe Köstlichkeiten

SALATE UND GEMÜSE

Hauptmahlzeit, Beilage oder einfach zwischendurch – mit unseren bunten Salat- und Gemüsekreationen habt ihr wenig Aufwand und schnellen Grillgenuss. Hier kommen nicht nur Veggie-Fans auf ihre Kosten.

1 Kartoffelsalat mit steirischem Kürbiskernöl

FÜR 4 PERSONEN
vegan

500 g kleine festkochende Kartoffeln mit 2 Lorbeerblättern in reichlich Salzwasser in 12–15 Min. bissfest garen. Abgießen und ausdampfen lassen. Kartoffeln schälen und in 5 mm dicke Scheiben schneiden. In einer Schüssel 2–3 EL Apfelessig mit 1 TL feinem Senf und 5–6 EL Kürbiskernöl verrühren. Kartoffeln, 1 klein gewürfelter Apfel, 4 EL geröstete Kürbiskerne und 1 EL fein geschnittene Petersilie zugeben und mit Meersalz und schwarzem Pfeffer aus der Mühle würzen. Die Zutaten vermengen und vor dem Servieren mind. 20 Min. ziehen lassen.

---

2 Gegrillter Melonensalat mit Beeren

FÜR 4 PERSONEN
vegetarisch

3 Scheiben Wassermelone von 2–3 cm Dicke auf beiden Seiten mit 1–2 EL Olivenöl einreiben und über direkter sehr starker Hitze (250–290 °C) bei geschlossenem Deckel von beiden Seiten 2–3 Min. angrillen. Vom Grill nehmen und vollständig auskühlen lassen. Die Schale entfernen, das Fruchtfleisch 1 cm groß würfeln und in eine große Schüssel geben. 125 g gemischte Beeren, 1 EL fein gewürfelter frischer Ingwer, Abrieb und Saft von 1 ½ Bio-Zitronen, 1 EL Honig sowie 25 ml Olivenöl zugeben, mit Meersalz würzen und die Zutaten behutsam vermengen. Mit Minzeblättchen verfeinern.

---

3 Insalata Capricciosa

FÜR 4 PERSONEN

In einer großen Pfanne 200 g in Scheiben geschnittene Champignons in 2 EL Butter mehrere Minuten von beiden Seiten goldbraun anbraten. Mit Meersalz und schwarzem Pfeffer aus der Mühle würzen. In einer Schüssel 120 g gemischte Blattsalate mit 2–3 EL Aceto balsamico bianco und 4–5 EL Olivenöl vermengen und mit Meersalz sowie schwarzem Pfeffer aus der Mühle würzen. Den Salat auf vier Schalen verteilen und darauf jeweils ein Viertel der Champignons, 2 EL gehobelten Parmesan, 1 EL grüne Olivenringe, 2 jeweils halbierte eingelegte Artischockenherzen und 1–2 Scheiben luftgetrockneten Schinken geben.

1 Red Cabbage Salad

FÜR 4 PERSONEN
vegetarisch

400 g fein geschnittenen Rotkohl mit 100 g fein geschnittenen Möhrenstreifen und 100 g fein geschnittenen Staudenselleriestreifen in eine große Schüssel geben. 2 EL Mayonnaise, 2 EL saure Sahne, 1 EL Preiselbeeren (Glas) und 1 TL feinen Senf zugeben. Die Zutaten vermengen und mit Meersalz sowie schwarzem Pfeffer aus der Mühle würzen.

---

2 Griechischer Nudelsalat

FÜR 4 PERSONEN
vegetarisch

150 g griechische Nudeln in Reisform (Kritharaki) nach Packungsanweisung garen und auskühlen lassen. In einer Schüssel mit ¼ klein gewürfelter Salatgurke, 1 klein gewürfelten Tomate ohne Kerne, ½ fein gewürfelten roten Zwiebel, 1 EL schwarzen Kalamata-Oliven, 1 EL grünen Olivenringen, 100 g zerbröckeltem Schafskäse (Feta), 1 EL fein geschnittener Petersilie und den Blättern von ½ Bund Basilikum mischen und mit 2–3 EL Rotweinessig sowie 4–5 EL Olivenöl vermengen. Mit Meersalz und schwarzem Pfeffer würzen.

---

3 Grilled Paprika Nacho Salad

FÜR 4 PERSONEN
vegetarisch

3 in Viertel geschnittene, entkernte rote Paprikaschoten mit 2–3 EL Olivenöl einreiben. Mit der Hautseite nach unten auf dem Grillrost über direkter mittlerer bis starker Hitze (180–200 °C) bei geschlossenem Deckel 6–8 Min. grillen, bis die Haut stellenweise sehr dunkel ist. Die Paprikaviertel in einer mit Frischhaltefolie abgedeckten Schüssel 10 Min. „schwitzen" lassen. Die Haut abziehen, die Paprika in Stücke schneiden und in die Schüssel geben. Mit dünnen Streifen von 1 roten Zwiebel, 100 g abgetropftem Mais (Dose), 3 EL fein geschnittener Petersilie, 75 g in Stäbchen geschnittenem Cheddar und 50 g Tortillachips vermengen. In einer kleinen Schüssel 150 g Frischkäse mit 1 EL edelsüßem Paprikapulver sowie 2–3 EL Olivenöl verrühren und mit Meersalz würzen. Die Frischkäsecreme auf vier Bowls verteilen und den Salat darauf anrichten.

1 Salade du Chef

FÜR 4 PERSONEN

2 Hähnchenbrüste (je 200 g) mit Olivenöl einreiben und mit Meersalz würzen. Über direkter mittlerer Hitze (160–180 °C) bei geschlossenem Deckel 12–15 Min. grillen, dabei einmal wenden (Kerntemperatur 72–74 °C). Vom Grill nehmen und 3–5 Min. ruhen lassen. In einer Schüssel 2 EL körnigen Dijonsenf mit 3–4 EL Rotweinessig und 25 ml Olivenöl verrühren. Mit Meersalz und schwarzem Pfeffer würzen. 1 in Spalten geschnittene Avocado, 4 EL gehobelten Parmesan, 125 g grüne Blattsalate und 50 g zerbröckelten Blauschimmelkäse zugeben, die Zutaten mit dem Dressing mischen und den Salat auf die Teller verteilen. Die Hähnchenbrüste in Streifen schneiden und zusammen mit je 1 halbierten hart gekochten Ei auf den Salattellern anrichten.

2 Mangosalat mit gegrillten Frühlingszwiebeln

FÜR 4 PERSONEN
vegan

Von 2 Bund geputzten, gewaschenen und trocken getupften Frühlingszwiebeln die dunkelgrünen Teile in feine Ringe schneiden, die übrigen Stangen mit 2–3 EL Olivenöl vermengen und auf dem Rost über direkter mittlerer bis starker Hitze (180–200 °C) bei geschlossenem Deckel 4–6 Min. grillen, dabei einmal wenden. Auskühlen lassen, dann schräg in 2 cm große Stücke schneiden. In einer Schüssel mit dem gewürfelten Fruchtfleisch von 2 Mangos, 1 entkernten, fein gewürfelten roten Peperoni, 1 walnussgroßen, fein gewürfelten Stück Ingwer und den Frühlingszwiebelringen mischen und mit 2–3 EL Agavendicksaft, Abrieb und Saft von 1 Bio-Zitrone sowie Meersalz würzen.

3 Singapur-Nudeln

FÜR 4 PERSONEN
vegetarisch

125 g Eiernudeln mit 1 TL Kurkuma in reichlich Salzwasser nach Packungsanweisung garen. Abgießen, mit 2–3 EL Sesamöl vermengen und auskühlen lassen. 1 in Streifen geschnittene, entkernte rote Paprikaschote, 2 in Streifen geschnittene Pak Choi, 125 g Austernpilze und 50 g halbierte Zuckerschoten mit 3–4 EL Sesamöl in eine heiße Pfanne geben und 5–6 Min. anbraten. Mit 2–3 EL Sojasauce und 2–3 EL Chicken Chili Sauce ablöschen, die Nudeln durchschwenken und beiseitestellen. Nudeln und Gemüse auf die Teller oder Schalen verteilen und mit je 1 TL fein geschnittenem Koriandergrün und etwas geröstetem schwarzem Sesam verfeinern.

Big Apple

VORBEREITUNG
15–20 Min. zubereiten

GRILLZEIT
6–8 Min.

GRILLMETHODE
direkte Hitze

vegetarisch

FÜR 4 PERSONEN
SALAT
3 rote Äpfel

1 Zucchini

1 grüne Paprikaschote

2 Romanasalatherzen

4 EL Olivenöl

Meersalz

200 g blaue Trauben

150 g Schafskäse (Feta)

4 EL getrocknete
    Berberitzen

VINAIGRETTE
25 ml Aceto balsamico
    bianco

2 EL milder Honig

1 TL Senf

35 ml Olivenöl

schwarzer Pfeffer
    aus der Mühle

TIPP: Ein toller sommerlicher Salat verdient ein gutes Öl. Zum Grillen empfiehlt sich ein mildes Oliven-, Raps- oder Sonnenblumenöl, für eine leckere Vinaigrette könnt ihr auch Leindotter-, Mandel-, Traubenkernöl oder ein anderes nährstoffreiches Öl verwenden.

Das Zusammenspiel von Süße, Säure, Bitterstoffen und feiner Würze und die wunderbare Meersalznote machen diesen Salat sehr spannend und zugleich unglaublich lecker.

1. Den Grill für direkte mittlere bis starke Hitze (200–220 °C) vorbereiten. Die Äpfel waschen, trocknen, vierteln und das Kerngehäuse entfernen. 4 Apfelviertel in 1 cm große Würfel schneiden und bis zum Servieren beiseitestellen. Die Zucchini putzen, waschen, trocken tupfen und quer in fingerdicke Scheiben schneiden. Die Paprikaschote putzen, waschen, trocken tupfen, vierteln und entkernen. Die Salatherzen putzen, die äußeren Blätter entfernen, den Strunk kürzen und die Salatherzen der Länge nach halbieren.

2. Die vorbereiteten Zutaten von allen Seiten mit 4 EL Olivenöl einreiben, mit etwas Meersalz würzen und auf dem Grillrost verteilen. Bei geschlossenem Deckel je nach Grillgut 6–8 Min. grillen, dabei einmal wenden.

3. Inzwischen die Trauben waschen, trocken tupfen und halbieren. Den Schafskäse aus der Lake nehmen, trocken tupfen und fein zerbröckeln.

4. Für die Vinaigrette den Essig mit Honig, Senf und 35 ml Olivenöl verrühren, anschließend kräftig mit Meersalz und schwarzem Pfeffer würzen.

5. Die gegrillten Zutaten in mundgerechte Stücke schneiden und in eine Schüssel geben. Die Salatherzen auf die Teller verteilen.

6. Die Vinaigrette zu den gegrillten Zutaten in die Schüssel geben, alles vermengen und über den Salatherzen verteilen. Die beiseitegestellen Apfelwürfel darüberstreuen und mit den Berberitzen toppen.

Portobello-Gyros mit Tsatsiki

Lasst euch von diesem Gyros geschmacklich überraschen. Die feinwürzigen Pilze und Zwiebeln, dazu die knusprigen Toasties mit Tsatsiki schaffen großen Grillgenuss.

1. Den Grill für direkte starke Hitze (220–240 °C) vorbereiten. Die Pfanne bei geschlossenem Deckel 15–20 Min. vorheizen. Für das Tsatsiki die Gurke waschen, trocken tupfen und grob raspeln. Mit wenig Meersalz würzen und ca. 10 Min. Wasser ziehen lassen.

2. Inzwischen den Knoblauch schälen und fein würfeln. Die Petersilie verlesen, kalt abbrausen, trocken schütteln und die Blätter samt Stielen fein schneiden. Die Gurkenraspel gut ausdrücken. Mit Knoblauch und Petersilie in eine Schüssel geben und mit dem Joghurt vermengen. Das Tsatsiki kräftig mit Meersalz und schwarzem Pfeffer aus der Mühle würzen.

3. Für die Gewürze den Thymian kalt abbrausen, trocken schütteln, die Blättchen abzupfen und in den Mörser geben. Majoran, Paprikapulver, 1 TL Meersalz und die Pfefferkörner zufügen und alles fein mahlen.

4. Die Pilze säubern, putzen, halbieren und in feine Scheiben schneiden. Zwiebeln und Knoblauchzehen schälen und in sehr feine Streifen schneiden. Die Tomate waschen, trocken tupfen, den Stielansatz entfernen und die Tomate in Scheiben schneiden. Die Toasties gegebenenfalls halbieren.

5. Das Sonnenblumenöl in die vorgeheizte Pfanne gießen. Pilze, Zwiebel- und Knoblauchstreifen hineingeben und bei geschlossenem Deckel 3–5 Min. andünsten, dabei gelegentlich umrühren. Danach die Butter und die fein gemörserten Gewürze zugeben und bei geschlossenem Deckel weitere 3–5 Min. grillen.

6. Die Pfanne vom Grill nehmen, Pilze und Zwiebeln darin 3–5 Min. ruhen lassen. Die Toasties mit den Schnittflächen nach unten auf den Grillrost legen und 2–3 Min. auf Sicht

VORBEREITUNG
25 Min. zubereiten

GRILLZEIT
ca. 10 Min.

GRILLMETHODE
direkte Hitze

RUHEZEIT
3–5 Min.

vegetarisch

FÜR 4 PERSONEN
TSATSIKI
¼ Salatgurke
Meersalz
4 Knoblauchzehen
½ Bund glatte Petersilie
200 g Joghurt
schwarzer Pfeffer
   aus der Mühle

GEWÜRZE
4 Zweige Thymian
2 EL getrockneter Majoran
½ TL edelsüßes Paprikapulver
1 TL schwarze Pfefferkörner

PILZE
4 Riesenchampignons
   (Portobellos; ca. 400 g)
4 Zwiebeln
4 Knoblauchzehen
2 EL Sonnenblumenöl
2 EL Butter

1 Tomate
4 Vollkorn-Toasties

ZUBEHÖR
gusseiserne Grillpfanne
Mörser

rösten. Zum Servieren die Toastie-Böden mit Tomatenscheiben belegen und darauf jeweils eine großzügige Portion Pilze und Zwiebeln geben. Mit Tsatsiki toppen und mit den Toastie-Deckeln abschließen. Übrige Pilze und Zwiebeln dazu reichen.

TIPP: Ihr könnt auch normale braune Champignons verwenden.

Overloaded Cucumber

Selten ist der Wow-Effekt so groß wie bei einer gegrillten Salatgurke, und dann noch in Kombination mit dieser Füllung … Hier ist Schwelgen angesagt!

1. Den Grill für direkte starke Hitze (220–240 °C) vorbereiten. Die Gurke waschen, trocken tupfen, der Länge nach halbieren und das Kerngehäuse mit einem Tee- oder Dessertlöffel herausschaben. Die Schnittflächen mit 1 EL Sesamöl einreiben.

2. Für die Füllung die Paprikaschoten putzen, waschen, trocken tupfen, vierteln, entkernen und in sehr feine Würfel schneiden. Paprikawürfel in eine große Schüssel geben. Die Zwiebel schälen, halbieren, ebenfalls fein würfeln und zur Paprika geben.

3. Die Avocado halbieren, den Kern entfernen, das Fruchtfleisch mit einem Esslöffel herausheben und in sehr feine Würfel schneiden. Den Seidentofu klein zupfen. Den Salat putzen, waschen, trocken schleudern und die Blätter klein schneiden.

4. Avocadowürfel und gezupften Tofu zur Paprika geben und die Zutaten mit der Sojasauce, den Sesamsamen sowie 2–3 EL Sesamöl vermengen. Die Füllung mit Meersalz und schwarzem Pfeffer würzen.

5. Die Gurkenhälften mit den Schnittflächen nach unten auf den Grillrost legen und bei geschlossenem Deckel 4–6 Min. grillen, dabei einmal wenden. Inzwischen den Kerbel verlesen, kalt abbrausen, trocken schütteln, die Blätter abzupfen.

6. Die Füllung auf den Schnittflächen der Gurken verteilen, die Hälften schräg in Stücke schneiden und auf Tellern anrichten. Die restliche Füllung dazu reichen und alles mit Kerbelblättchen verfeinern.

112

VORBEREITUNG
15 Min. zubereiten

GRILLZEIT
4–6 Min.

GRILLMETHODE
direkte Hitze

vegan

FÜR 4 PERSONEN
1 Salatgurke
1 EL Sesamöl

FÜLLUNG
je 1 gelbe und rote Paprikaschote
1 rote Zwiebel
1 Avocado
200 g Seidentofu, abgetropft
1 Romanasalatherz
4 EL Sojasauce
1 EL gemischte schwarze und weiße Sesamsamen
2–3 EL Sesamöl
Meersalz
schwarzer Pfeffer aus der Mühle
einige Zweige Kerbel

TIPP: Statt des Tofus könnt ihr auch Tempeh, Seitan, Jackfruit, Sojaschnetzel oder gegarte Hülsenfrüchte wie Kichererbsen verwenden. Entfernt vor dem Grillen die Kerne der Salatgurke, sonst könnte sie bitter schmecken.

Süßkartoffel-Wedges, Avocado und Himbeeren

VORBEREITUNG
15 Min. zubereiten

GRILLZEIT
20–25 Min.

GRILLMETHODE
direkte Hitze

vegan

FÜR 4 PERSONEN
2–3 mittelgroße Süß-
kartoffeln (500–600 g)

1 Avocado

2–3 EL Weizengrieß

1 rote Zwiebel

1 grüne Peperoni

175 g frische Himbeeren

3–4 EL Erdnussöl

Meersalz

1–2 EL Himbeeressig
(s. Tipp)

ZUBEHÖR
gusseiserne Grillpfanne

Wer auch beim Campen auf den besonderen Genuss nicht verzichten möchte, bereitet den Himbeeressig etwa 14 Tage vor der Reise selbst zu und nimmt ihn mit. Lohnt sich!

1. Den Grill für direkte mittlere bis starke Hitze (180–200 °C) vorbereiten. Die Pfanne bei geschlossenem Deckel 15–20 Min. vorheizen.

2. Inzwischen die Süßkartoffeln waschen, trocken reiben und der Länge nach in 1–2 cm breite Spalten schneiden. Die Avocado halbieren, den Kern entfernen, das Fruchtfleisch mit einem Esslöffel herausheben und der Länge nach in finger-dicke Spalten schneiden. Die Avocadospalten von allen Seiten mit dem Weizengrieß bestreuen.

3. Die Zwiebel schälen, halbieren und in feine Würfel schnei-den. Die Peperoni putzen, waschen, trocken tupfen, der Länge nach halbieren, entkernen und ebenfalls fein würfeln. Die Him-beeren verlesen, behutsam abbrausen und trocken tupfen.

4. Das Erdnussöl in die vorgeheizte Pfanne gießen, die Süß-kartoffel-Wedges hineingeben und bei geschlossenem Deckel 15–20 Min. grillen, dabei im Abstand von 5 Min. wenden, damit sie gleichmäßig garen.

5. Avocadospalten, Zwiebel- und Peperoniwürfel in die Pfanne geben und bei geschlossenem Deckel 5–7 Min. mitgrillen.

6. Die Pfanne vom Grill nehmen. Die Himbeeren über den Pfanneninhalt streuen, alles kräftig mit Meersalz würzen und mit dem Himbeeressig verfeinern.

TIPP: Himbeeressig könnt ihr leicht selbst zubereiten. Dafür 250 g Himbeeren mit 500 ml mildem Aceto balsamico bianco aufgießen und luftdicht sowie kühl lagern. Nach 9–10 Tagen den Essig abseihen und nach Belieben erneut mit 250 g frischen Himbeeren ansetzen. Je aromatischer und süßer die Beeren, umso intensiver wird der Essig.

Griddle **Zucchini**

Das Kräuter-Topping passt zu fast allem: ob Zucchini-, Auberginen- oder Süßkartoffel- scheiben, gegrillter Kürbis, Pilze oder Kartof- feln. Probiert es aus!

1. Den Grill für direkte mittlere bis starke Hitze (200–220 °C) vorbereiten. Die Plancha bei geschlossenem Deckel 8–10 Min. vorheizen.

2. Die Zucchini putzen, waschen, trocken tupfen, der Länge nach in 1 cm dicke Scheiben schneiden und auf beiden Seiten mit Zitronensalz würzen.

3. Für das Kräuter-Topping die Schalotten schälen, fein würfeln und in eine Schüssel geben. Petersilie, Basilikum und Minze verlesen, kalt abbrausen und trocken schütteln.

4. Die Kräuterblätter samt Stielen sehr fein schneiden und zu den Schalotten geben. Abrieb und Saft der Bio-Zitrone sowie das Olivenöl unterrühren und die Kräutermischung mit Meer- salz sowie schwarzem Pfeffer würzen.

5. Die Zucchinischeiben mit Küchenpapier trocken tupfen. 10 ml Olivenöl auf die vorgeheizte Plancha gießen und die Zuc- chinischeiben bei geschlossenem Grilldeckel 6–8 Min. grillen, dabei einmal wenden.

6. Die Zitrone halbieren, die Hälften mit den Schnittflächen nach unten auf die Plancha legen und mitgrillen. Nach dem Wenden die Zucchini mit der Kräutermischung toppen und mit geriebenem Parmesan bestreuen. Zum Servieren die gegrillten Zitronenhälften nach Geschmack über den Zucchinischeiben auspressen.

VORBEREITUNG
10–15 Min. zubereiten

GRILLZEIT
6–8 Min.

GRILLMETHODE
direkte Hitze

vegetarisch

FÜR 4 PERSONEN
2 Zucchini
Zitronensalz
10 ml Olivenöl
1 Zitrone
35 g geriebener Parmesan

KRÄUTER-TOPPING
2 Schalotten
½ Bund glatte Petersilie
½ Bund Basilikum
4 Stängel Minze
Abrieb und Saft von
   1 Bio-Zitrone
25 ml Olivenöl
Meersalz
schwarzer Pfeffer
   aus der Mühle

ZUBEHÖR
Plancha

TIPP: Zu den Griddle Zucchini serviert ihr am besten geröstete Brotscheiben. Maisbrot würde besonders gut passen, ist aber in Bäckereien eher selten zu bekommen.

Kartoffel-Galette

Allein das Knistern der Kartoffelscheiben bei der Zubereitung auf der Plancha ist Sinnlichkeit pur für die Ohren und der Geschmack der Galette schlicht hinreißend. Die Kartoffel beweist einmal mehr: Sie ist ein Tausendsassa!

1. Den Grill für direkte mittlere bis starke Hitze (200–220 °C) vorbereiten. Die Plancha bei geschlossenem Deckel 8–10 Min. vorheizen.

2. Inzwischen die Kartoffeln gründlich waschen, trocken reiben und in sehr dünne Scheiben schneiden oder hobeln. Zwiebeln und Knoblauch schälen und ebenfalls in sehr dünne Scheiben schneiden oder hobeln.

3. Petersilie und Rosmarin verlesen, kalt abbrausen und trocken schütteln. Die Petersilienblätter samt Stielen sehr fein schneiden, Rosmarinnadeln abzupfen und sehr fein hacken.

4. Das Öl auf die Plancha gießen und mit einem Grillwender gleichmäßig verteilen. Die Kartoffelscheiben der Länge nach und leicht überlappend auffächern und nebeneinander auf die Plancha legen.

5. Anschließend mit der Hälfte der flüssigen Butter bestreichen, die Hälfte der Zwiebel- und Knoblauchscheiben zwischen den Kartoffelreihen verteilen und die Kartoffeln mit Meersalz sowie schwarzem Pfeffer würzen. Bei geschlossenem Deckel 5–6 Min. grillen.

6. Nach Ende der ersten Grillzeit die Kartoffelreihen wenden, mit Rosmarin bestreuen und die übrigen Zwiebel- und Knoblauchscheiben darauf verteilen. Mit der restlichen flüssigen Butter bestreichen, salzen und pfeffern und bei geschlossenem Deckel weitere 5–6 Min. grillen. Zum Servieren mit der fein geschnittenen Petersilie toppen.

VORBEREITUNG
10–15 Min. zubereiten

GRILLZEIT
10–12 Min.

GRILLMETHODE
direkte Hitze

vegetarisch

FÜR 4–6 PERSONEN
6 mittelgroße festkochende Kartoffeln (450–550 g)
2 rote Zwiebeln
4 Knoblauchzehen
1 Bund Petersilie
2 Zweige Rosmarin
2–3 EL Öl
50 ml flüssige Butter (entspricht ca. 45 g fester Butter)
Meersalz
schwarzer Pfeffer aus der Mühle

ZUBEHÖR
Plancha

TIPP: Und dazu gibt es einen grünen Salat:
300 g grünen Kräutersalat verlesen, waschen
und trocken schleudern. Für das Dressing
2 EL Schmand mit 4 EL Mandelmilch, 2–3 EL
Olivenöl und 1–2 EL Aceto balsamico bianco
verrühren, mit Meersalz und schwarzem Pfeffer würzen. Den Salat damit mischen.

Gegrillte Auberginen mit Tahin

Tahin ist eine Paste aus geröstetem, fein gemahlenem Sesam und stammt ursprünglich aus dem arabischen Raum. Achtet beim Kauf auf gute Qualität, die günstigen sind meist sehr bitter.

1. Den Grill für direkte mittlere bis starke Hitze (200–220 °C) vorbereiten. Die Plancha bei geschlossenem Deckel 8–10 Min. vorheizen.

2. Die Auberginen waschen, trocken tupfen und der Länge nach in 1 cm dicke Scheiben schneiden. Die Scheiben auf beiden Seiten im Abstand von 1 cm rautenförmig einschneiden, dabei nicht durchschneiden, und mit Meersalz würzen.

3. Die Orangen schälen, die Filets mit einem scharfen Messer herausschneiden und das restliche Fruchtfleisch auspressen. Die Filets je nach Größe halbieren oder dritteln.

4. Das Tahin mit 4 EL Orangensaft, Kreuzkümmel und Kardamom glatt rühren und mit Meersalz würzen.

5. Das Sesamöl auf die Plancha gießen und darauf die Auberginenscheiben bei geschlossenem Deckel 6–8 Min. grillen, dabei einmal wenden.

6. Zum Servieren die Auberginenscheiben auf Teller verteilen, mit Orangenfilets toppen, mit Orangensaft beträufeln und mit wenig Sesamcreme bestreichen. Mit schwarzem Pfeffer würzen. Die restliche Sesamcreme separat dazu reichen.

TIPP: Die Tawjih Turab-Würzmischung von Seite 23 verleiht der Sesamcreme zusätzlich eine tolle orientalische Würze. Außerdem eignet sie sich perfekt zum Verfeinern von gegrilltem Gemüse, Pilzen, Kichererbsen, Salaten und Co.

VORBEREITUNG
10–5 Min. zubereiten

GRILLZEIT
6–8 Min.

GRILLMETHODE
direkte Hitze

vegan

FÜR 4 PERSONEN
2 Auberginen
Meersalz
2 Orangen
4 EL Tahin (Sesampaste)
1 Msp. gemahlener Kreuzkümmel
1 Msp. gemahlener Kardamom
3–4 EL Sesamöl
schwarzer Pfeffer aus der Mühle

ZUBEHÖR
Plancha

Schnelles **Grillgemüse**

VORBEREITUNG
10–15 Min. zubereiten

GRILLZEIT
8–10 Min.

GRILLMETHODE
direkte Hitze

vegetarisch

FÜR 4 PERSONEN

2 japanische Auberginen

200 g (wilder) Brokkoli

je 1 kleine gelbe und
grüne Zucchini

2–3 rote Spitzpaprikas

4 Zweige mediterrane
Kräuter (z. B. Thymian,
Rosmarin, Salbei,
Lorbeer)

4–5 EL Olivenöl

1–2 EL Honig

Saft von ½ Zitrone

Meersalz

schwarzer Pfeffer
aus der Mühle

OPTIONAL
Bulgur (s. Tipp)

Die fantastischen Röstaromen, die das Gemüse während des Grillens annimmt, in Kombination mit der Süße des Honigs und der Säure des Zitronensafts schmecken unglaublich gut. Wenn ihr dazu noch eine schöne Schärfe einbringen möchtet, könnt ihr 1 TL gewürfelte Peperoni unter das Gemüse mischen.

1. Den Grill für direkte mittlere bis starke Hitze (180–200 °C) vorbereiten.

2. Das Gemüse putzen, waschen und trocken tupfen. Die Auberginen der Länge nach halbieren. Den Brokkoli gegebenenfalls in Röschen teilen. Die Zucchini der Länge nach in fingerdicke Scheiben schneiden. Die Paprikaschoten halbieren und entkernen. Die Kräuter verlesen, kalt abbrausen und trocken schütteln.

3. Das Gemüse in eine große Schüssel geben und mit Kräutern, Öl, Honig sowie Zitronensaft vermengen.

4. Die Schnittflächen der Auberginen- und Zucchinischeiben mit Meersalz würzen.

5. Das Gemüse auf den Grillrost legen und über direkter Hitze bei geschlossenem Deckel 8–10 Min. grillen, dabei die Gemüsestücke einmal wenden.

6. Zum Servieren das Gemüse in mundgerechte Stücke schneiden, mit Salz und Pfeffer würzen und nach Belieben mit Bulgur servieren.

TIPP: 75 g Bulgur nach Packungsanweisung garen und mit 2 EL klein geschnittener glatter Petersilie, dem Saft von 1 Zitrone sowie Meersalz und schwarzem Pfeffer würzen.

Ein ganz besond'rer Duft

SÜSSES UND BACKEN

„Heut' liegt was in der Luft, ein ganz besond'rer Duft, der so verlockend ruft!" Desserts und Gebackenes vom Grill riechen herrlich, machen gute Laune und schmecken unter freiem Himmel doppelt gut. Ran an den süßen oder herzhaften Genuss!

Roasted Calabrese Pizza

Mit diesem Rezept könnt ihr die Pizza direkt auf dem Rost zubereiten. Eine schön gebräunte Oberseite ist garantiert!

1. Für den Teig die Hefe in 200 ml lauwarmes Wasser bröckeln, den Zucker zugeben und so lange rühren, bis sich Hefe und Zucker vollständig aufgelöst haben. 450 g Mehl in eine große Schüssel geben und das feine Meersalz untermischen. Das Hefewasser hineingießen und die Zutaten in mehreren Minuten zu einem geschmeidigen Teig kneten. Die Schüssel mit Frischhaltefolie abdecken.

2. Den Teig bei Raumtemperatur in 35–40 Min. zu doppelter Größe aufgehen lassen. Den Grill für direkte mittlere Hitze (160–180 °C) vorbereiten. Für die Sauce die stückigen Tomaten mit den Kräutern verrühren und mit Meersalz würzen.

3. Für den Belag die Kirschtomaten waschen, trocken tupfen und halbieren. Die Oliven in Ringe schneiden. Die Artischockenherzen vierteln. Die Petersilie verlesen, kalt abbrausen, trocken schütteln, die Blätter samt Stielen fein schneiden. Mozzarellakugeln, Thunfisch und Sardellen abtropfen lassen. Den Thunfisch mit einer Gabel zerpflücken.

4. Den gegangenen Teig in 4 gleich große Portionen teilen und jeden Teigling auf der bemehlten Arbeitsfläche zu einem 22–26 cm großen Fladen formen. Die Oberseiten jeweils mit ca. 1 EL Olivenöl einpinseln.

5. Die Teigfladen nacheinander mit der eingeölten Seite nach unten auf den Grillrost legen und bei geschlossenem Deckel 3–5 Min. grillen. Vom Grill nehmen, die Pizzaböden wenden, jeweils mit einem Viertel der gewürzten Tomatensauce bestreichen und darauf jeweils ein Viertel der vorbereiteten Belag-Zutaten verteilen.

6. Die Pizzen erneut nacheinander auf den Grillrost legen und bei geschlossenem Deckel in 6–8 Min. fertig grillen. Zum Servieren mit schwarzem Pfeffer würzen.

VORBEREITUNG
25 Min. zubereiten
35–40 Min. Gehzeit
   des Teigs

GRILLZEIT
10–15 Min. je Pizza

GRILLMETHODE
direkte Hitze

ERGIBT 4 PIZZEN
TEIG
15 g frische Hefe
1 TL Zucker
450 g Mehl (Type 550) +
   Mehl zum Bearbeiten
8 g feines Meersalz

SAUCE
300 g stückige Tomaten
   aus der Dose
1 TL getrocknete Kräuter
   der Provence
Meersalz

BELAG
200 g Kirschtomaten
4 EL schwarze Oliven,
   entsteint
4 eingelegte Artischockenherzen aus dem Glas,
   abgetropft
½ Bund glatte Petersilie
20 Mini-Mozzarellakugeln
1 Dose Thunfisch in
   Sonnenblumenöl
   (Abtropfgewicht 150 g)
8 Sardellenfilets

AUSSERDEM
3–4 EL Olivenöl
schwarzer Pfeffer
   aus der Mühle

TIPP: Bei grünen und schwarzen Oliven
handelt es sich meist um die gleiche Frucht,
sie reifen jedoch unterschiedlich lange. Bei
früher Ernte sind die Oliven grün, bei später
Ernte schwarz. Grüne Oliven werden auch
geschwärzt und oft günstiger als schwarze
Oliven angeboten, die weniger ertragreich und
aufwendiger in der Produktion sind.

Lauch-Quiche

Bei Lauch unterscheidet man zwischen Sommer- und Winterlauch.
Verschiedene Lauchsorten können auch im Winter im Freiland kulti-
viert werden, weil sie frostbeständig sind. Winterlauch hat ein etwas
kräftigeres Aroma als Sommerlauch.

VORBEREITUNG
15 Min. zubereiten

GRILLZEIT
55–60 Min.

GRILLMETHODE
direkte und indirekte Hitze

FÜR 4 PERSONEN

2–3 rote Zwiebeln
(ca. 100 g)

2 Stangen Lauch
(ca. 600 g)

2–3 EL Öl zum Einfetten

1–2 EL Mehl zum
Ausstreuen

1 Rolle runder
Quiche- oder Hefeteig
(Kühlregal)

3 Eier (M)

200 g Sahne

Meersalz

schwarzer Pfeffer
aus der Mühle

frisch geriebene
Muskatnuss

50 g Speckwürfel

1–2 EL Butter

50 g geriebener Bergkäse

ZUBEHÖR
BBQ Keramik-Backform
(ø ca. 30 cm)

gusseiserne Grillpfanne

1. Die Zwiebeln schälen, halbieren und in Streifen schneiden. Den Lauch putzen, waschen, trocken tupfen, der Länge nach vierteln und in 1–2 cm breite Stücke schneiden.

2. Den Grill für direkte und indirekte mittlere bis starke Hitze (200–220 °C) vorbereiten. Die Backform bis zum Rand mit Öl einfetten und mit Mehl ausstreuen. Die Form mit dem Teig auslegen, die Ränder andrücken und den Teig mit einer Gabel gleichmäßig einstechen.

3. Die Eier mit der Sahne gründlich verrühren. Mit Meersalz, schwarzem Pfeffer und Muskat würzen. Den Speck mit der Butter in die Pfanne geben und über direkter Hitze bei geschlossenem Deckel 6–8 Min. braten.

4. Die Zwiebeln dazugeben und bei geschlossenem Deckel 3–4 Min. mitbraten. Danach den Lauch hinzufügen und bei geschlossenem Deckel 6 bis 8 Min. weitergrillen, bis der Lauch ein wenig zusammengefallen ist. Vom Grill nehmen und lauwarm abkühlen lassen.

5. Lauch und Zwiebeln auf dem Teig verteilen, mit der Eier-Sahne übergießen und mit dem Bergkäse bestreuen.

6. Die Quiche über indirekter Hitze bei geschlossenem Deckel 40–45 Min. grillen. Zum Servieren in Stücke schneiden und nach Belieben mit Meersalz verfeinern.

129

Stockbrote à la Dutch

Ein Klassiker am Lagerfeuer und besonders beliebt bei Kindern! Mit diesem Rezept bekommen die Brote reichlich Geschmack, sodass ihr keine zusätzlichen Toppings braucht. Ihr könnt die Stockbrote als eigene Mahlzeit servieren.

VORBEREITUNG
15 Min. zubereiten

30 Min. Gehzeit des Teigs

GRILLZEIT
15–20 Min.

GRILLMETHODE
indirekte Hitze

FÜR 4 PERSONEN
½ Würfel frische Hefe
   (ca. 20 g)

1 EL Honig

500 g Weizenmehl
   (Type 405) + Mehl
   zum Arbeiten

5 g Salz

2 rote Zwiebeln

½ Bund Thymian

120 g Speckwürfel

100 g geriebener Gouda

ZUBEHÖR
8–12 Metallspieße
   (ca. 25 cm lang)

1. Für den Teig die Hefe in 275 ml lauwarmes Wasser bröckeln, den Honig zufügen und beides unter Rühren auflösen. Das Mehl in eine große Schüssel geben und mit dem Salz mischen. Die Zwiebeln schälen und in feine Würfel schneiden. Den Thymian kalt abbrausen, trocken schütteln, die Blättchen abzupfen und fein schneiden. Zwiebel-, Speckwürfel, geriebenen Käse und Thymian zum Mehl geben.

2. Das Hefewasser hineingießen und die Mischung zu einem geschmeidigen Teig kneten. Den Teig mit Frischhaltefolie abdecken und bei Raumtemperatur in ca. 30 Min. zu doppelter Größe aufgehen lassen.

3. Den Grill für indirekte mittlere bis starke Hitze (180–200 °C) vorbereiten. Den gegangenen Teig auf einer leicht bemehlten Arbeitsfläche zu einem flachen rechteckigen Fladen formen. Anschließend 1–1,5 cm dick ausrollen.

4. Den Teig der Länge nach in 8 bis 12 gleich breite Streifen schneiden.

5. Die Teigstreifen leicht überlappend um je 1 Spieß wickeln, dabei 2–3 cm von der Spießspitze aussparen, und die Streifen andrücken.

6. Die Stockbrote auf den Grillrost legen und über indirekter Hitze bei geschlossenem Deckel in 15–20 Min. goldbraun backen, dabei gelegentlich wenden.

Schoko-Grillbananen

Wichtig: Verwendet für dieses Rezept feste, aber nicht zu unreife Bananen. Die Bananen sollen gut schmecken, aber auf dem Grill nicht matschig werden.

VORBEREITUNG
10 Min. zubereiten

GRILLZEIT
8–10 Min.

GRILLMETHODE
indirekte Hitze

vegetarisch

FÜR 4 PERSONEN
4 Bananen

Saft von ½ Zitrone

2 EL brauner Rohrzucker

4 Riegel Schokolade

Schoko-Topping zum
    Servieren
    (nach Belieben)

SAUCE
250 g Sahne

4 Riegel Schokolade

50 g Bitterschokolade

ZUBEHÖR
4 gewässerte Zahnstocher

Räucherbrett aus
    Zedernholz
    (nach Belieben)

kleiner feuerfester Topf

1. Den Grill für indirekte mittlere bis starke Hitze (180–200 °C) vorbereiten. Die Bananenschalen von unten nach oben auf beiden Seiten mit einem Abstand von ca. 2 cm der Länge nach einschneiden. Die Schalen aufrollen und im oberen Bereich mit je 1 Zahnstocher fixieren. Die Böden der Bananen nach Bedarf leicht begradigen, damit die Früchte nicht umkippen.

2. Das Fruchtfleisch der Länge nach mittig einschneiden, aber nicht durchschneiden. Das Bananenfruchtfleisch mit Zitronensaft beträufeln und mit Zucker bestreuen, dabei die Enden leicht zusammendrücken.

3. In jede Banane 1 Schokoladenriegel mittig platzieren.

4. Die Bananen in der indirekten Zone des Grills platzieren und bei geschlossenem Deckel 8–10 Min. grillen. Für ein einfacheres Handling die Bananen auf ein Räucherbrett setzen.

5. Für die Sauce die Sahne in dem feuerfesten Topf über direkter Hitze aufkochen. Vom Grill nehmen und die Schokoriegel sowie die Bitterschokolade einrühren, bis sie geschmolzen sind. Bis zur Verwendung beiseitestellen.

6. Die fertigen Bananen mit Schokoladensauce übergießen und nach Belieben mit einem Schoko-Topping garniert servieren.

Lemon **Cheesecake**

Einer der beliebtesten Käsekuchen der Welt hat seinen Ursprung nicht in New York, sondern in Griechenland. Dort wurde er mit Quark zubereitet. In New York wurde dann der Quark viel später durch Frischkäse ersetzt. Mit dem deutlich höheren Fettanteil hat der Klassiker seitdem einen noch cremigeren Geschmack bekommen.

1. Den Grill für direkte mittlere bis starke Hitze (200–220 °C) vorbereiten. Für den Boden die Butterkekse in einem (Frühstücks-)Beutel mit einem schweren Gegenstand fein zerstoßen. Die Butter mit dem Rohrzucker in die Backform geben, die Form auf den Grillrost stellen und die Zutaten bei geschlossenem Deckel in 6–8 Min. schmelzen.

2. Danach die Keksbrösel einrühren, die Form vom Grill nehmen und den Boden der Backform gleichmäßig flach mit den Bröseln bedecken. Vollständig auskühlen lassen.

3. Inzwischen für die Masse die Eier mit dem Rohrzucker in eine Schüssel geben und mit dem Schneebesen so lange rühren, bis sich der Zucker vollständig aufgelöst hat. Anschließend Abrieb und Saft der beiden Zitronen, Frischkäse, Sour Cream und die Stärke zugeben und alles zu einer cremigen Masse rühren.

4. Den Grill für schwache bis mittlere Hitze (140–150 °C) vorbereiten. Den Rand der Backform mit 20 g Butter einstreichen und die Cheesecake-Masse in die Form gießen. Den Bratenrost mit Hitzeschild auf den Grillrost legen, darauf die Backform stellen und den Cheesecake bei geschlossenem Deckel 50–55 Min. backen.

5. Den fertigen Cheesecake vom Grill nehmen und in mind. 4 Std. vollständig erkalten lassen (noch besser über Nacht im Kühlschrank).

VORBEREITUNG
15–20 Min. zubereiten

GRILLZEIT
ca. 1 Std.

GRILLMETHODE
direkte Hitze

RUHEZEIT
mind. 4 Std. (am besten über Nacht)

vegetarisch

FÜR 4 PERSONEN
BODEN
120 g Butterkekse

60 g Butter

35 g weißer Rohrzucker

MASSE
5 Eier (M)

200 g weißer Rohrzucker

Abrieb und Saft von 2 Bio-Zitronen

600 g Doppelrahmfrischkäse, raumtemperiert

200 g Sour Cream (ersatzweise Schmand)

2–3 EL Speisestärke

20 g Butter

ZUM SERVIEREN
100 g Erdbeeren

Zesten und Saft von 1 Bio-Zitrone

3 EL Ahornsirup

ZUBEHÖR
BBQ Keramik-Backform (ø ca. 30 cm)

Bratenrost mit Hitzeschild

6. Zum Servieren die Erdbeeren verlesen und halbieren. Zesten und Saft der Zitrone mit dem Ahornsirup verrühren. Zusammen mit den Erdbeeren über den Lemon Cheesecake verteilen.

TIPP: Dieser Cheesecake ist wunderbar cremig, doch ihr solltet ihn vollständig auskühlen lassen, damit er beim Schneiden nicht bricht. Durch das Auskühlen setzt die Bindung der einzelnen Zutaten ein.

Apple Cake

„Wie ein warmer Apfelkuchen"! Es gibt kaum einen anderen Kuchen, der sich so wunderbar vielfältig interpretieren lässt. Hat man einmal einen sehr guten gegessen, verknüpft man damit die schönsten Momente und wird sich ewig an ihn erinnern. Wie ein warmer Apfelkuchen eben.

VORBEREITUNG
20 Min. zubereiten

GRILLZEIT
45–50 Min.

GRILLMETHODE
indirekte Hitze

vegetarisch

FÜR 4–6 PERSONEN
CRUMBLES
100 g Roggenmehl
(Type 1150)

50 g Zucker

70 g Butter, raum-
temperiert

1 Msp. feines Meersalz

KUCHEN
4 rote Äpfel

1 EL Butter zum Einfetten,
raumtemperiert

1–2 EL Mehl zum
Ausstreuen

1 Rolle runder Quiche-
oder Mürbeteig
(Kühlregal)

150 g Aprikosenkonfitüre

ZUBEHÖR
Apfelausstecher

gusseiserne Grillpfanne

1. Den Grill für indirekte mittlere bis starke Hitze (200–220 °C) vorbereiten. Für die Crumbles Roggenmehl, Zucker, Butter und feines Meersalz mehrere Minuten mit den Fingern zu lockeren Streuseln verkneten.

2. Die Äpfel schälen, die Enden begradigen und mit dem Apfelausstecher das Kerngehäuse entfernen. Die Äpfel quer in 1 cm dicke Scheiben schneiden.

3. Die Pfanne mit Butter einfetten und mit Mehl ausstreuen. Danach den Teig in die Pfanne geben und den Rand rundherum leicht andrücken. Den Teig mit einer Gabel an mehreren Stellen einstechen.

4. Den Teigboden gleichmäßig mit der Hälfte der Konfitüre bestreichen und mit der Hälfte der Crumbles bestreuen.

5. Die Apfelscheiben ziegelförmig und kreisrund auflegen.

6. Auf den Apfelscheiben die restliche Konfitüre verstreichen und die übrigen Crumbles verteilen. Den Apple Cake in der indirekten Zone bei geschlossenem Deckel in 45–50 Min. goldbraun backen. Lauwarm servieren.

TIPP: Die Crumbles könnt ihr auch einzeln zubereiten und als Topping oder zum Schichten für andere Leckereien verwenden. Dazu bereitet ihr die Crumbles wie oben in Step 1 beschrieben zu. Die Crumbles anschließend in der mit Backpapier ausgelegten Grillpfanne über indirekter mittlerer Hitze (170–180 °C) bei geschlossenem Deckel 14–16 Min. backen. Vor der Verwendung vollständig auskühlen lassen.

137

REZEPTREGISTER

*Die mit * gekennzeichneten Rezepte sind vegetarisch, die mit ** gekennzeichneten vegan.*

140

141

Bildnachweis:

Rezeptfotos und Steps, Autorenfoto: Mathias Neubauer,
Selingenstadt
Weitere Fotografie: S. 2, 82: WEBER; S. 26 WEBER/Elliot
Ross; S. 56: iStock/Bernadobodo; S. 100, 124: iStock/
LuckyBusiness
Illustration: S. 12: Marion Feldmann,
S. 9-11, 16, 17: Fornfest, Aachen

142

DIE BÜCHERMENSCHEN HINTER DEM PROJEKT

Verlagsleitung: Eva-Maria Hege
Projektleitung: Lena Buch
Lektorat und Redaktion:
Karen Dengler, Werkstatt München
Cover, Umschlag, Layout: ki36 Editorial Design,
Sabine Krohberger, Stephanie Reindl,
Anika Neudert, München
Satz: Anja Dengler, Werkstatt München
Herstellung: Markus Plötz
Reproduktion: Longo AG, Bozen
Druck & Bindung: Firmengruppe Appl, Wemding

Weber-Stephen Products LLC
Copyright © 2023 Weber-Stephen Products LLC
Copyright der deutschen Ausgabe
© 2025 GRÄFE UND UNZER VERLAG GmbH
Grillparzerstraße 12, 81675 München

www.gu.de/kontakt | hallo@gu.de

GU ist eine eingetragene Marke der
GRÄFE UND UNZER VERLAG GmbH

1. Auflage 2025, ISBN: 978-3-8338-9678-1

ZUM AUTOR

Manuel Weyer ist Koch, Foodstylist und Kochbuchautor mit einer Vorliebe für das Thema Grillen. Nach Stationen in Spitzenrestaurants im In- und Ausland machte er sich 2015 selbstständig. Sein Genussunternehmen umfasst ein Restaurant sowie seine Koch- und Grillschule.

Weitere Bücher der des Autors:

- Weber's Gasgrillbibel
- Weber's Wintergrillbibel
- Weber's Ultimate Heat
- Weber's Diamond Edition

Besuche Manuel auf:

WICHTIGER HINWEIS

LIEBE LESERIN, LIEBER LESER,

wie wunderbar, dass du dich für ein Buch von GU entschieden hast! In unserem Verlag dreht sich alles darum, dir mit gutem Rat dein Leben schöner, erfüllter und einfacher zu machen. Unsere Autorinnen und Autoren sind echte Expertinnen und Experten auf ihren Gebieten, die ihr Wissen mit viel Leidenschaft mit dir teilen. Und unsere erfahrenen Redakteurinnen und Redakteure stecken viel Liebe und Sorgfalt in jedes Buch, um dir ein Leseerlebnis zu bieten, das wirklich besonders ist. Qualität steht bei uns schon seit jeher an erster Stelle – jedes Buch ist von Büchermenschen für Buchbegeisterte gemacht, mit dem Ziel, dein neues Lieblingsbuch zu werden.

Deine Meinung ist uns wichtig, und wir freuen uns sehr über dein Feedback und deine Empfehlungen – sei es im Freundeskreis oder online.

Viel Spaß beim Lesen und Entdecken!

P.S. Hier noch mehr GU-Bücher entdecken: www.gu.de

WERDE TEIL DER GU-COMMUNITY!

Du und deine Familie, dein Haustier, dein Garten oder einfach richtig gutes Essen. Egal, wo du im Leben stehst: Als Teil unserer Community entdeckst du die neuesten GU-Bücher als erstes, du genießt exklusive Leseproben und wirst mit wertvollen Impulsen und kreativen Ideen bereichert.

Worauf wartest du? Sei dabei!

www.gu.de/gu-community

143

FÜR DIE UMWELT

Dieses Buch wurde auf PEFC-zertifiziertem Papier aus nachhaltiger Waldwirtschaft gedruckt. Aus Liebe zur Natur verwenden wir leichtes Papier.

© Bernhard Haselbeck

WARUM UNS DAS BUCH BEGEISTERT

Ob spannender Adventure-Trip oder entspannter Wohnmobil-Urlaub: Mit den Weber-Grillrezepten kommen alle Camping-Fans kulinarisch voll auf ihre Kosten.

Eva-Maria Hege, Verlagsleitung

Für dein genussvollstes Ich.

Der Diamant unter den Grillbüchern:
Hochkarätiges von den Grillspezialisten von Weber und GU

MANUEL WEYER

WEBER'S DIAMOND EDITION

BEST OF BBQ

weber

G|U